U0036238

後結構主義

Post Structuralism

楊大春／著

孟　樊／策劃

出版緣起

　　社會如同個人，個人的知識涵養如何，正可以表現出他有多少的「文化水平」（大陸的用語）；同理，一個社會到底擁有多少「文化水平」，亦可以從它的組成分子的知識能力上窺知。眾所皆知，經濟蓬勃發展，物質生活改善，並不必然意味這樣的社會在「文化水平」上也跟著成比例的水漲船高，以台灣社會目前在這方面的表現上來看，就是這種說法的最佳實例，正因為如此，才令有識之士憂心。

　　這便是我們──特別是站在一個出版者的立場──所要擔憂的問題：「經濟的富裕是否也使台灣人民的知識能力隨之提昇了？」答案

恐怕是不太樂觀的。正因為如此，像《文化手邊冊》這樣的叢書才值得出版，也應該受到重視。蓋一個社會的「文化水平」既然可以從其成員的知識能力（廣而言之，還包括文藝涵養）上測知，而決定社會成員的知識能力及文藝涵養兩項至為重要的因素，厥為成員亦即民眾的閱讀習慣以及出版（書報雜誌）的質與量，這兩項因素雖互為影響，但顯然後者實居主動的角色，換言之，一個社會的出版事業發達與否，以及它在出版質量上的成績如何，間接影響到它的「文化水平」的表現。

　　那麼我們要繼續追問的是：我們的出版業究竟繳出了什麼樣的成績單？以圖書出版來講，我們到底出版了那些書？這個問題的答案恐怕如前一樣也不怎麼樂觀。近年來的圖書出版業，受到市場的影響，逐利風氣甚盛，出版量雖然年年爬昇，但出版的品質卻令人操心；有鑑於此，一些出版同業為了改善出版圖書的品質，進而提昇國人的知識能力，近幾年內前後也陸陸續續推出不少性屬「硬調」的理論叢

書。

　　這些理論叢書的出現，配合國內日益改革與開放的步調，的確令人一新耳目，亦有助於讀書風氣的改善。然而，細察這些「硬調」書籍的出版與流傳，其中存在著不少問題，首先，這些書絕大多數都屬「舶來品」，不是從歐美、日本「進口」，便是自大陸飄洋過海而來，換言之，這些書多半是西書的譯著，要不然就是大陸學者的瀝血結晶。其次，這些書亦多屬「大部頭」著作，雖是經典名著，長篇累牘，則難以卒睹。由於不是國人的著作的關係，便會產生下列三種狀況：其一，譯筆式的行文，讀來頗有不暢之感，增加瞭解上的難度；其二，書中闡述的內容，來自於不同的歷史與文化背景，如果國人對西方（日本、大陸）的背景知識不夠的話，也會使閱讀的困難度增加不少；其三，書的選題不盡然切合本地讀者的需要，自然也難以引起適度的關注。至於長篇累牘的「大部頭」著作，則嚇走了不少原本有心一讀的讀者，更不適合作為提昇國人知識能力的敲

門磚。

　　基於此故，始有《文化手邊冊》叢書出版之議，希望藉此叢書的出版，能提昇國人的知識能力，並改善淺薄的讀書風氣，而其初衷即針對上述諸項缺失而發，一來這些書文字精簡扼要，每本約在五萬字左右，不對一般讀者形成龐大的閱讀壓力，期能以言簡意賅的寫作方式，提綱挈領地將一門知識、一種概念或某一現象（運動）介紹給國人，打開知識進階的大門；二來叢書的選題乃依據國人的需要而設計的，切合本地讀者的胃口，也兼顧到中西不同背景的差異；三來這些書原則上均由本地學者專家親自執筆，可避免譯筆的詰屈聱牙，文字通曉流暢，可讀性高。更因為它以手冊型的小開本方式推出，便於攜帶，可當案頭書讀，可當床頭書看，亦可隨手攜帶瀏覽。從另一方面看，《文化手邊冊》可以視為某類型的專業辭典或百科全書式的分冊導讀。

　　我們不諱言這套集結國人心血結晶的叢書本身所具備的使命感，企盼不管是有心還是無

心的讀者，都能來「一親她的芳澤」，進而藉此
提昇台灣社會的「文化水平」，在經濟長足發展
之餘，在生活條件改善之餘，在國民所得逐日
提高之餘，能因國人「文化水平」的提高，而
洗雪洋人對我們「富裕的貧窮」及「貪婪之島」
之譏。無論如何，《文化手邊冊》是屬於你和我
的。

　　　　　　　　　　　孟　樊
　　　　　　　　　一九九三年二月於台北

序言

　　後結構主義曾經是西方學術舞台上最為活躍的一種思潮，如今其地位已經下降，其影響慢慢減弱。但是，我們沒有理由把它完全置於一邊。實際上，它的一些觀念在西方學術界已經深入人心，它的一些概念已經廣泛地被人們所接受，尤其值得關注的是，它在非西方國家（例如中國）的學術界大有方興未艾之勢。緣此之故，有必要介紹和總結後結構主義，讓人們明白它究竟是怎麼回事。西方學術界在這方面做了很多工作，成果頗豐。而國內的研究狀況則不是那麼讓人滿意，尤其缺乏整體研究。本書只是一個初步的嘗試，而且，考慮到它面

向的是一般讀者而不是專家學者，作者盡量深
入淺出。

　　我是從事哲學研究與敎學的，因此想從哲
學角度來就後結構主義談幾句。從哲學的角度
看，後結構主義無疑太媚俗，這很難為許多仍
然堅持傳統信念的哲學工作者所接受，這也不
去說它，倒是一些哲學圈外的朋友也對哲學現
狀不滿，這就不應該不去理會了。他們問：哲
學為什麼不關心更基本的問題，而是去玩弄語
言遊戲，搞什麼「語言學轉向」？我告訴他
們，二十世紀，尤其是其後期的哲學，的確偏
離尋求眞理的道路，走向語言遊戲，但它的確
也反映了二十世紀特定時期人類的精神文化生
活現狀，人們不再追求崇高，他們有的是一種
「後現代主義的心態」，有時甚至是某種「世
紀末情緒」。哲學目前是有些混亂，但混亂的
哲學是混亂的精神生活之反映。我們也渴望走
出混亂，但我們總不能完全從傳統中去搬救
兵。最好的出路是，對後結構主義以及其他一
些「後」思潮進行批判性的分析總結，從中找

到哲學新生的契機。

　　本書所涉及的作家們屬於哲學、文學理論、思想史、精神分析、符號學等多個領域。我不是對每個領域都十分瞭解，因此也不敢奢望完全正確地理解這些大師們。我只是盡我自己的能力，並充分借助其他許多研究者的成果，盡可能忠實地將後結構主義介紹給廣大讀者朋友，其間的誤解與錯誤還望批評指正。

　　最後，我要真誠地感謝孟樊先生、葉忠賢先生、賴筱彌小姐以及其他各位為出版此書給予的幫助和付出的辛勞。

楊大春

序於西子湖岸

一九九五年十月十二日

目錄

導論

　　有多少個後結構主義者，就有多少種後結構主義。但是，哪些人可以歸到後結構主義陣營中呢？主要困難在於，後結構主義者都來源於結構主義者，但是，哪些人實現了由結構主義者向後結構主義者的轉變呢？學術界沒有統一的看法。大致說來，結構主義者把索緒爾的語言學模式運用到各人文、社會科學的研究中，而後結構主義者則使索緒爾（F. de Saussure）開啓的語言學革命走向極端，由此使結構主義者的科學化傾向轉變爲遊戲的姿態。我們大抵根據德希達（J. Derrida）的解構主義爲參照，來確定後結構主義的內涵與外延。

　　在〈結構主義革命〉一章中，我們描述了
結構主義的發展歷程。首先概述了索緒爾的語
言學的有關觀點，接著分析了俄國形式主義、
捷克結構主義關於語言和文學理論的基本思
想，最後分析了法國結構主義的基本狀況和主
要思想。後結構主義是結構主義的產物，不先
行瞭解結構主義，就無法深入理解後結構主
義。

　　在〈後結構主義概況〉一章中，透過與結
構主義的比較，我們確定了後結構主義的基本
傾向性，大致圈定了其代表人物，並一一介紹
了各位代表人物的生平事跡和主要觀點。

　　〈理性的命運〉一章係以傅柯和德希達為
代表，分析了後結構主義對待邏各斯、理性的
立場。在此，我們可以看到後結構主義不再囿
於二元對立的批判模式之中。透過對文本進行
細節分析，他們發現了邏各斯與隱喻、理性與
非理性的複雜關係。

　　最後一章〈文本的生產性〉則以羅蘭・巴
爾特（R. Barthes）和德希達為代表，分析了

後結構主義的文本理論。與結構主義一樣，後
結構主義由作者、作品轉向了讀者、文本，但
是，與結構主義注重靜態分析、追求文本意義
不同，後結構主義力求發現文本的生產性、意
義的增殖，使文本向遊戲開放。

第一章
結構主義革命

　　後結構主義直接源自結構主義，是一批「少壯派」結構主義者進行批評和自我批評的結果，是結構主義革命的深入和極端化。十分顯然的是，如果不先行對結構主義有所了解，後結構主義也就無從談起。在這一章中，我們概括介紹結構主義發展的各個階段及其主要觀點。

一、索緒爾的結構語言學

　　結構主義是一場滲透到哲學、語言學、文

學理論、史學理論、社會學、人類學、心理學、
精神分析學等領域的、影響廣泛而持久的運
動。

　　結構主義運動與語言學革命聯繫在一起。
結構主義巨頭李維斯陀(Claude Lèvi
-Strauss)在其《關於語言學和人類學的結構
主義分析》中表明，人類學家當以語言學家為
榜樣，在自己的學科領域內重新掀起一場「音
位學」（Phonology）革命。結構主義主將之
一，著名文學理論家、符號學家羅蘭‧巴爾特
把結構主義界定為「從當代語言學方法中引出
的，針對各種文化現象的分析法。」這種把結
構主義與語言學聯繫在一起的看法也可以在其
對手那兒得到間接證明，例如法國詮釋學的著
名代表人物保羅‧李格爾（Paul Ricoeur）便
宣稱，若要攻擊結構主義，就必須集中討論它
的語言學基礎。總之，按照喬納森‧卡勒
　（Jonathan　Culler）在其《結構主義詩學》
　（*Structuralist Poetics*）中的說法，「語言學
並不僅僅是激發靈感的動力和源泉，而且是一

種將結構主義原本各行其是的種種設想統一起
來的方法論的模式。」

　　結構主義代表的不是一個統一的學科領
域，而是結構主義方法在各個學科領域的運
用。語言學的方法論革命激發了人們的靈感，
讓他們按照某種新的思維方式將自己所屬的學
科進行重組；而且，透過語言學方法的借鑒，
他們也發現了各門學科之間的共同性。也就是
說，語言學模式似乎成了研究各種文化現象的
一種共同手段，這表明語言學本身有其作爲聚
焦點的意義。卡勒的說明對我們的理解是有助
益的，他寫道：「在研究其他文化現象時，語
言學或許有所裨益，這一想法建立在兩個基本
認識的基礎上：首先，社會文化現象並非簡單
的物質客體和事件，而是具有意義的客體和事
件，因此是符號；其次，它們的本質完全由一
個內部關係與外部關係構成的系統來界定。」
的確，二十世紀的哲學和各門社會科學都與語
言學搭上了關係，而且在語言學模式的影響下
進行具體研究。儘管結構主義的語言學觀點和

諸如詮釋學之類的語言學觀點很有差異，但語言學的普遍影響是毫無疑義的。

　　索緒爾在結構主義革命中起到了關鍵性的作用。他的主要影響來自他死後由學生整理出版的《普通語言學教程》（*Course in General Linguistics*）一書。這是對他1907～1911年在日內瓦大學的講課稿進行彙集的結果。

　　索緒爾在本世紀的地位是被大家公認的，例如李斯（Philip　Rice）和沃格（Patricia Waugh）在其《當代文學理論讀本》（*Modern Literary Theory: A Reader*）中就明確指出：「儘管沒有馬克思（Karl Marx）和佛洛依德（Sigmund Freud）一樣有名，但就其對二十世紀提出的各種思想體系的影響而言，他們是並駕其驅的。」馬克思關注的是經濟和社會關係的系統，佛洛依德關注的是潛意識系統，而索緒爾關注的則是語言系統。按照上述兩位作者的看法，這兩位大師的影響都表現在他們「動搖了關於世界的主宰性的、人道主義的觀念」，因為「他們破除了『人』是意

義的中心、源泉和起點的看法」。單就索緒爾
而言，他關於語言系統的有關分析，影響了俄
國形式主義、布拉格學派、法國結構主義——後
結構主義，這些學派都是「主體離心化」的堅
決主張者。

　　按照索緒爾的看法，語言學的研究對象是
詞和語法的基礎性的約定系統（Underlying
System of Conventions）。正是根據這一系
統，一個符號「詞」才能意指（To Mean）。
索緒爾將語言（La Langue）與言語（La
parole）區別開來，認為語言是一種社會制度
（約定），而言語則是個體行為，語言具有統
一性，而言語行為則是異質的。這樣，在研究
基礎性的約定系統時，應當把語言而不是言語
作為研究的對象。在此基礎上，他認為：語言
是一種表達觀念的符號系統（System of
Sign）；符號是意義的基本單位。通常的觀點
認為，與語言相對應的是事物，也就是說，語
言符號被認為是名稱和名稱所代表的事物相符
合。由於把符號看作是意義的基本單位，索緒

爾認為符號聯結的是音響形象（Sound Image）和概念（Concept），而這兩個方面都是心理的。為了更準確地表達，索緒爾用符表（Signifier，又譯能指、意符）和符義（Signified，又譯所指、意指）分別代替音響形象和概念。在他看來，用符義和符表的好處就在於：「既能表明它們彼此間的對立，又能表明它們和它們所從屬的整體之間的對立。」在這裡，符表的基本形式是音響形象，是聲音、文字或書寫（Writing）沒有獲得應有的重視，僅被看作是二級符表。這一點受到了後結構主義的抨擊。

索緒爾在其語言學探討中特別強調一種「符號的任意性原則」，這一原則為結構主義所接受，為後結構主義所拓展和極端化。索緒爾這樣寫道：「符表和符義的聯繫是任意的，或者，因為我們所說的符號是指符表和符義相聯結所產生的整體，我們可以更簡單地說，語言符號是任意的。」一個簡單的例子是，「姊妹」的觀念（概念）在法語中運用 [S-ö-r]

這一串聲音，在英語中運用〔si-s-tə〕這一串聲音，在漢語中運用〔zǐ-mèi〕這一串聲音（注意，不要混淆於〔Soeur〕、〔sister〕、「姊妹」這些拼寫方式）。又比如，法語用〔b-ö-f〕，德語用〔o-k-s〕，漢語用「niú」來表示「牛」的觀念。

　　符號的任意性表明，我們無法找到符表和符義之間的自然關係，一切關係都是約定的。這樣，符號的任意性意指的是「它是不可論證的」。儘管如此，在具體言語行爲中並不能完全自由地選擇符號，這是因爲，個體行爲從總體上看受制於社會的語言規則，一旦符號在語言集體中被確立，個人無力改變它。在這裡，索緒爾承認了語言結構的穩定的、靜態的方面。在老結構主義那裡，這一點是不言而喻的，但對後結構主義而言，就應該有所突破了。

　　索緒爾強調的另一個重要原則是所謂的「差異性原則」。按照他的看法，語言是聯結在聲音中的有條理的思想（Language as Organized Thought Coupled with

Sound)。這意味著語言不是渾沌一團。然而，
聲音和概念本身卻分別是兩個渾沌一團的系
統，是未加區分的。要確定一個符號及其價值，
就不可能不加區分地說聲音和觀念的關係，而
是要區分出確定的一串聲音與確定的某種觀
念，並把它們聯結在一起。實際上，這說明了
某一具體符號的聲音及觀念均與其他符號的聲
音及觀念相區別。索緒爾講道：「語言中只有
差異。」「就拿符義或符表來說，語言不可能
有先於語言系統而存在的觀念或聲音，而只有
由這系統發出的概念差別或聲音差別。」這意
味著在語言系統之內，根據概念差別或聲音差
別來確定一個符號。

　　所謂概念差別是指，「我們要借助於在它
之外的東西才能真正確定它的內容。」比如，
如果沒有「非食物」（Not Food）這一概念
的話，「食物」（Food）就不可能意指任何東
西。我們需要在一個差別系統內考慮概念。李
維斯陀用自然與文化（非自然）的二元對立來
解釋親屬關係和神話的結構，就是索緒爾關於

在差異系統內確定概念的思想的發揮。

　　就聲音而言，索緒爾寫道：「在詞裡，重要的不是聲音本身，而是使這個詞區別於其他一切詞的聲音上的差別，因爲帶有意義的正是這些差別。」他認爲，聲音是一種物質要素，它本身不可能是語言，它只是語言的原材料。構成語言的是音響形象間的差異。正因爲此，在能夠讓人們聽出聲音差別的前提下，發音可以有一定的自由度。比如法語中的 [r] 音，法國人發標準的小舌音，但許多非洲人卻將之發成大舌音，這並沒有什麼妨礙，法國人與非洲人能夠很好地對話。但是，如果將 [r] 音發成 [e] 音，理解就可能會有問題了。

　　總之，索緒爾的語言學強調研究語言系統，並透過任意性原則和差異性原則來把握其內在結構，這是一種靜態的、同時態的分析。索緒爾的語言學觀點在本世紀產生了深遠的影響，結構主義就是在它的影響下，逐步誕生的。莫斯科、布拉格和巴黎是結構主義思想發展里程中的三站。

二、俄國形式主義

　　我們首先可以在俄國形式主義（Russian Formalism）中發現索緒爾觀點的影響，並且找到結構主義思想的發端。著名結構主義文學理論家托多洛夫（T. Todorov）寫道：「形式主義一詞從它的對手加給它的貶義來說，指的是1915年到1930年期間在俄國出現的一種文學批評潮流。」按他的看法，形式主義直接受益於結構語言學，並奠定了後來的結構主義方法的基礎。

　　形式主義包括1915年成立的「莫斯科語言學學會」（Moscow Linguistic Circle）和1917年成立的彼得堡「詩歌語言研究會」（The Society for the Study of Poetic Language）這兩個學派，他們的共同點是其研究活動都關注詩歌語言，按「莫斯科語言學學會」的創建人，著名語言學家雅各愼（R.

Jakobson) 的回顧：「所有這些活動都毫不
猶豫地強調詩歌的語言問題。」原因就在於，
在當時，人們正在開闢語言學研究的新途徑，
而詩歌語言最適於這種情況，「在詩歌活動中
……語言結構的規律和語言的創造性，比在日
常語言裡更容易引起人們的注意。」這些「詩
語」研究者所關注的「語言學研究的新途
徑」，主要指索緒爾用結構語言學代替上個世
紀 末 的 比 較 語 法 （Comparative Gram-
mar）。比較語法或比較語言學（Compara-
tive Linguistics）把有關各語言或一種語言
的歷史發展中各個不同階段間語音、語法和詞
彙對應關係加以比較。這與歷史語言學（His-
torical Linguistics）或 歷 時 語 言 學 （Dia-
chronic Linguistics）聯繫在一起，旨在探討
語言之間的親緣關係之系譜，或某一種語言從
某歷史階段到下一個階段的發展。索緒爾的結
構語言學不一樣，他儘管也承認比較語法的重
要意義，但他把重點放在研究某一語言不變的
內在結構方面。俄國形式主義者同樣把重心放

在結構方面，鑒於詩歌語言的不及物性
（Intransitivity），它明顯地不易產生較大變
動，很適合於作結構分析。

關於索緒爾對俄國形式主義的影響，比利
時學者布洛克曼（J. M. Broekman）在其
《結構主義：莫斯科——布拉格——巴黎》
（*Structuralism: Moscow-Prague-Paris*）中
這樣寫道：「形式主義方法與日內瓦發展起來
的語言學派，特別是F·德·索緒爾的主張，以
及與音位學的最初發展是有聯繫的。」按他的
說法，索緒爾的「新想法」不僅從日內瓦，而
且還透過莫斯科和彼得堡對美學和文學思想產
生了顯著影響。在這兩個小組中，莫斯科派對
語言感興趣，彼得堡派對文學理論感興趣。當
然，它們之間的分歧是很小的。

在形式主義者對文學作品進行分析時，他
們把作品本身作為考慮的中心，拒絕接受當時
占支配地位的心理學、哲學或社會學批評方
法。在他們看來，既無法根據作家生平，也無
法根據社會生活方面的分析來讀解作品。他們

要求發現使一部作品成爲文學作品的東西，也
即作品的文學性(Literariness)。這樣，他們的
興趣不在其內容，而在其文學手法(Literary
Devices)的功能。文學性意味著語言的特殊使
用，詩歌語言就是一例。這種文學理論的一個
關鍵概念是陌生化(Defamiliarization) 。文
學透過技巧的使用而使我們的知覺和日常語言
陌生化。也即，文學手法把我們引向語言的藝
術方面而不是習慣的自發方面。這意味著文學
藝術對於社會生活的超越姿態。形式主義運動
的核心人物，詩歌語言研究會的組織者維·鮑·
什克洛夫斯基 (V. B. Shklovsky) 聲稱，
「藝術永遠是獨立於生活的，它的顏色從不反
映飄揚在城堡上空的旗幟的顏色。」總之，對
文學作品的分析應該針對結構而不是內容，應
該針對語言的詩學用法而不是日常用法。形式
主義的詩語研究最終通向了結構主義詩學。

　　莫斯科語言學學會和彼得堡的詩歌語言研
究會並沒有打出形式主義的旗號，也沒有提出
一套完整的理論體系。不過，它們在十月革命

後空前活躍。由於強調文學性，強調文學作品的語言、風格和結構等形式上的特點和功能，在二〇年代與馬克思主義的論爭中被貶稱爲形式主義，成爲攻擊的目標。由於自身的缺點（比如完全漠視文學和社會之間的聯繫），更由於正統思想（社會主義現實主義批評）的壓力，形式主義逐漸瓦解，到1930年之後，便從前蘇聯文學批評舞台上消失了。

三、捷克結構主義

在俄國形式主義那裡，結構主義觀念只露出了端倪，發展到捷克結構主義那裡，其有關觀念才逐漸明確起來。布洛克曼寫道：「在捷克結構主義那裡，結構活動的輪廓首次清楚地顯示出來了。」形式主義儘管在俄國逐漸衰落下去了，但它在布拉格產生了影響，它的基本原理，尤其是從結構的觀點看待事物的思路引起了強烈反響。這與雅各愼和語言學家馬特修

斯（Mathesius）的工作分不開。前者在布拉
格繼續著其早期的研究，並向捷克學界進行傳
播；而後者也是極力提倡形式主義的觀點。

　　早在1925年3月，值莫斯科語言學創建十周
年之際，在馬特修斯指導下，就曾考慮仿效莫
斯科的先例來建立布拉格學派的可能性。1926
年則召集了首次集會，並成立了布拉格語言學
學會（The Linguistic Circle of Prague）。
1929年召開了首度國際斯拉夫語大會，自此以
後，這一學派的著作就以法語《*Travaux du
Cercle Linguistique de Prague*》（《布拉格
語言學派作品集》）的標題公諸於世，而「布
拉格語言學派」的名稱很快就聞名於國際社
會。由於以法語出版其成果，法國結構主義顯
然頗受助益，好比近水樓台先得月了。

　　捷克結構主義的一些基本觀點可以在由特
英雅諾夫（Tynjanov）和雅克慎執筆的《布
拉格提綱》中見出。這份提綱「是結構主義思
想的一份完整的綱領」，我們在其間可以看到
該派對結構方法進行的「理論說明」。

　　關於語言學方面，主要論點如下：

　　1.語言是一個功能系統。

　　2.對當前事實的共時分析是了解一種語言
的「本質和特性」的最好方法，但不排斥歷時
分析。

　　3.比較方法不僅必須用於歷時的目的，而
且必須用於共時的目的，如發現各語言系統的
結構規律。

　　4.必須區分表意成分和表情成分，並區分
交際功能和詩歌功能。在交際功能中，語言是
「朝向意義」的，在詩歌功能中，語言是「朝
向符號本身」的。

　　5.在語音方面，必須區分作為物理的客觀
事實的語音（聲學表達）和功能系統的成分。
前者和語言學只有間接的聯繫，更為重要的是
它們在系統內部的相互關係。

　　關於文學藝術理論方面，有如下一些看
法：

　　1.藝術是一種符號學事實，結構主義美學
是一般符號研究的一部分。藝術作品的符號特

性摧毀了「反映論」的機械模式。但是，符號的性質為兩類現實領域所決定，一是符號本身的現實，一是它描寫的對象的現實。也即，我們不能只談符號的自足性，同時應考慮其交際功能。

2.在功能系統中主體的作用改變了。穆卡洛夫斯基(Mukařovský)寫道：「『我』，以某種姿態(雖然姿態可以千變萬化)出現在每一件藝術品和每一部作品裡的主體，既不與任何具體的心身性個人，也不與創作者本身同一。作品的整個藝術結構都凝聚於這一點上，並按此加以組織。然而任何個性——作者的個性和受者的個性——都能投射在它上面。」顯然，結構主義美學擺脫了唯心主義傳統。作為一個自足的、權威性的，並決定一切事物定向基點的主體概念被拋棄了，主體移心化(Decéntrement)成為整個結構主義的核心觀念。

3.應當在有關人的行為結構中尋找美學性問題。由於人類活動中總是有美學功能出現，我們必須把美學性事物看作人類行為和人類生

存形態中的一個因素。與此同時，我們應當注
意美學功能與其他功能間的關係：儘管任何藝
術中基本上都以美學功能爲主，美學之外的功
能顯然也起著作用。

　　捷克結構主義是一個重要的環節，它強化
了人們對結構方法的重視，以致布洛克曼宣
稱：「今日流行的巴黎結構主義，只不過是這
裡所談的一切的重演──唯有在這個意義上我
們才能說，它是結構主義思想的進一步發展。」

四、法國結構主義

　　法國結構主義是索緒爾開啓的語言學革命
的高潮。李維斯陀率先給與索緒爾、雅克愼等
人在語言學領域所進行的探討以普遍意義，把
他們獲得的成果推廣到人文科學和社會科學領
域，從而迎來了法國思想界的結構主義時代。
從六〇年代初開始，結構主義成爲滲透到哲
學、語言學、社會學、人類學、心理學、精神

分析學、思想史等領域的一種影響廣泛的社會思潮，一場改變人們思維方式的思想運動。

　　結構主義是針對現象學——存在主義的一場革命。第二次世界大戰期間及戰後，現象學——存在主義（馬克思主義的人道主義亦有重要地位）在法國學界幾乎是一統天下。人們關注「主體」(Subjecf)、「自我意識」(Self-consciousness)、「個人」(Individual)、「存在」(Being)、「本質」(Essence)和「歷史性」(Historicity)等觀念。在探討任何問題的時候，人們都採取某種人道主義（人本主義）立場。然而，哲學（文化、思想）舞台不可能由一種思潮壟斷下去，有識之士總是在尋找時機力求衝破存在主義的霸權。

　　李維斯陀早在四、五〇年代就發表了奠基性的《親族關係的基本結構》（*Les Structures élementaires de la Parenté*，1949）、《憂鬱的熱帶》（*Tristes Tropiques*，1955）等著作。然而，由於時代的氛圍更容易接受存在主義，他也就處於無聲無息之中。1962年，李維斯陀發

表《野性思維》（*La pensée Sauvage*），把
矛頭直指沙特（Sartre）兩年前發表的《辯證
理性批判》，這一次他成功了，這本書象徵性
地拉開了六〇年代法國結構主義運動的序幕。
李維斯陀與沙特、梅洛‧龐蒂（Merleau
-Ponty）、西蒙‧波娃（Simone de
Beauvoir）私人關係比較密切，但學術上存在
著分歧。在談到寫作《野性思維》之動機時，
李維斯陀寫道：「如果說我感到有必要把我與
沙特在有關人類學的哲學基礎方面觀點上的分
歧論述一下，那只是在我反覆閱讀了沙特的那
部著作（指《辯證理性批判》——引者）後才
決定這樣做的。」他還反覆表示，儘管彼此間
有著分歧，他還是尊重沙特的。

　　由於哲學家、思想史家傅柯（Michel
Foucault），精神分析學家拉岡（Jacques
Lacan），文學理論家、符號學家羅蘭‧巴爾特，
馬克思主義者阿杜塞（Louis Althusser），兒童
心理學家皮亞傑（Jean Piajet）和哲學家、文學
理論家德希達（Jacques Derrida）等人合力推

動，李維斯陀所率先倡導的結構方法迅速崛
起，一股結構主義思潮很快占據法國學術舞
台。法國在社會科學和人文科學轉向了一種新
的方向，關注「主體移心化」、「客觀結構」
(Objective Structure)、「模式」(Pattern)，
「意指作用」(Signification)等觀念，並整個地
倒向了反人道主義立場。

　　單就文學理論領域而言，除上述各位之
外，結構主義的代表人物還有托多洛夫、格雷
馬(Greimas)、熱奈特(G. Gennette)、艾柯(U.
Eco)、克里斯多娃(Kristova)等人。

　　正當結構主義運動轟轟烈烈進行之時，其
內部亦開始分化。以德希達、巴爾特、克里斯
多娃、傅柯、拉岡等團結在《Tel Quel》雜誌
周圍的團體開始對李維斯陀表示不滿，認為他
太保守。他們主張繼續革命，從而把結構語言
學推向極端。但是，結構主義的影響仍在繼續：
托多洛夫等人在繼續「文學科學」的努力，結
構主義觀念也開始影響英美文學理論界。當
然，在後結構主義崛起的情況下，人們難以區

分是結構的觀念還是後結構的觀念在影響英美
學界。比如，1966年在約翰‧霍普金斯大學召
開的國際結構主義學術討論會，宗旨是推動結
構主義在美國的傳播，不料引起強烈反響的是
德希達的消解結構的立場。

　　要給結構主義作一個總的界說不是一件容
易的事，原因就在於，它是由不同學科領域的
許多大師的不同觀點雜然共成的，皮亞傑這樣
寫道：「人們常說，要規定結構主義的特徵是
很困難的，因為結構主義的形式繁多，沒有一
個公分母，而且大家說到的種種（結構），所
獲得的涵義越來越不同。」羅蘭‧巴爾特則說：
結構主義「不是一個學派，甚至不是一個運動
（至少目前不是），因為一般被貼上這個標籤
的人，絕大多數自己也不曾意識到他們是否用
某種學說或承諾聯繫在一起。」

　　皮亞傑和羅蘭‧巴爾特還是做了一些概括
的努力。我們在此只介紹皮亞傑的看法。他認
為我們不妨從兩個方面考慮：「我們應該承
認，所有『結構主義者』所已經達到或正在追

求的一個具有可理解性的共同理想是存在的，
而結構主義者們的批判意圖，則是十二萬分地
不同。」也就是說，在積極的方面共同性頗多，
在批判性方面則各個不同。於是他從積極的方
面出發，總結了關於結構的看法，提出：「結
構是一個由種種轉換規律組成的體系。」認為
它包括了三個基本的特徵：即整體性（Tota
lité）、轉換性（Transformé）和自身調整性
〔或內部調整性（Reglage' Interne）〕。

　　1.整體性指結構是按照一定組合規則構成
的整體。整體對部分具有邏輯上的優先性，只
有透過考慮各構成成分之間的關係，而不是各
個構成成分，才能把握事物。「一個結構是由
若干成分所組成的，但是這些成分是服從於能
說明體系之成為體系特點的一些規律的。這些
所謂組成規律，並不能還原為一些簡單相加的
聯合關係，這些規律把不同於各種成分所有的
種種性質的整體性質賦予作為全體的全體。」

　　2.轉換性指結構中的各個成分可按照一定
的規則互相替換而不改變結構本身。按皮亞傑

的看法，「一項起結構作用的活動，只能包括在一個轉換體系裡面進行。」語言的共時系統從表面上看是不動的，實際上在不斷地發生轉換，「當然，在一個結構裡，應當把它受這些轉換所制約的各種成分，跟決定這些轉換的規律本身區分開來。」成分是可變的，但轉換規律不變。

3.自我調整性指結構是自足的，理解它不需要求助於同其本性無關的任何因素。「結構的第三個基本特性是能自己調整，這種自身調整性質帶來了結構的守恆性和某種封閉性。」這意味著，「結構所固有的各種轉換不會越出結構的邊界之外，只會產生總是屬於這個結構並保存該結構的規律的成分。」這表明，結構調整是內部事件，而且不會改變結構本身。

結構主義包含有一些重要的基本假定，英國學者邁克爾・萊恩在《結構主義入門》中總結為三條：

1.人類社會行為的所有形式都是具有語言特點的密碼。

　　2.人有一種先天的構造能力，這種構造能力決定了可能形成的各種類型的社會現象的結構範圍。

　　3.一切關係都可以還原為二元的對立關係。

　　第一條說明的是語言學模式的普遍有效性。在結構主義看來，一切由人類行為構成的社會現象，從表面上看來似乎雜亂無章，實際上卻包含著穩定的內部結構。這種內部結構支配並決定著一切社會現象的性質和變化。比較典型的是羅蘭‧巴爾特對時裝系統（Système de la Mode）的結構分析、李維斯陀對親屬關係的結構分析。

　　羅蘭‧巴爾特認為，「時裝是一種約定俗成的社會系統」，或者說存在著一種普遍的「時裝語言」。他的工作就在於分析「符號序列中的哪些成分屬於服裝業規範的層次，哪些又屬於修辭的層次。」在用語言學模式研究服裝雜誌提供的有關材料時，羅蘭‧巴爾特作為一個符號專家，給自己的明確任務是：建立區

分和規約系統，這些區分和規約決定了服裝對
於某種文化的成員具有意義。在他看來，服裝
是這樣一個系統：它透過區分衣著、注意衣飾
細部特徵，並在服裝的某些方面與人們的活動
間建立聯繫的辦法，創造著意義。正是意義促
進了銷售。

　　李維斯陀用結構語言學的方法研究原始部
落人的親屬關係。他認為，所謂親屬關係就是
一種由血緣關係與婚姻關係所產生的親屬稱謂
關係。他把這種親屬關係比擬為一種「語
言」，並稱之為「親屬語言」。親屬關係與語
言關係類似。語言的句子，由許多單詞按一定
的深層結構組成，親屬關係也是如此，部落成
員是親屬語言中的單詞，他們也按一定的深層
結構而組成親屬關係。語言的深層結構規定了
哪些單詞可以與哪些單詞結合而構成句子，親
屬關係的深層結構的規則規定了哪些成員可與
哪些成員結合（結婚）而構成親屬關係。

　　總之，結構主義強調，任何社會文化現象
都類似於一種語言，可以透過分析其內部結構

（主要是深層結構）而闡釋其意義。

　　第二條說明的是，結構不是社會文化現象所固有的，而是人的心靈潛意識地投射到社會文化現象之中的。這一論點來自喬姆斯基（Ch-omsky）對各民族的語言具有共同的深層結構的生活唯心主義解釋。他認為，各種不同語言儘管表層結構不同，但有共同的深層結構，原因就在於，在人類心靈中先驗地具有一種創造和理解語言的深層結構的機制和能力。正是這種先驗的機制或能力在潛意識中支配著人的語言行為，因而人們才能不自覺地按照語言的深層結構，生成各種句子，互相交流思想。李維斯陀推廣這一觀念，他認為，喬姆斯基所謂的人類心靈中的先驗深層結構的創造能力，不僅潛意識地支配著人的語言活動，而且還支配著所有由人的行為所構成的社會生活現象。

　　然而，由於對潛意識的強調，事實上又提出了理性主體消亡的問題，人在語言中並無地位，在整個社會文化現象中亦然。李維斯陀在《野性思維》中寫道：語言「是在意識和意志

之外（或之下）的。語言是一種非反思的整合化過程，它是一種自有其根據的人類理性，對此人類並不認識，如果有人反對說，語言之所以如此，正是因為有一個依據語言理論而把它內在化的主體，我則認為必須拒絕這種遁詞。這個主體是說話的主體，因為向他揭示語言性質的同一明證也向他揭示：當他以前還不了解語言時語言就已經如是存在著，因為語言已經使自己被人們理解了，而且語言以後將仍然如是存在而無需為他所知，因為他的話語從來也不是，也將永遠不會是語言法則有意識的整合化作用的結果。」顯然，人只不過是語言的載體，這表明了主體地位的喪失，在其他人文科學領域內，情況也是如此，李維斯陀因此指出：「人文科學的最終目的不是去構成人，而是去分解人。」

　　第三條表明，結構主義明顯地圍於形而上學傳統之中。這是後結構主義集中火力猛攻的一個靶子。李維斯陀關於神話結構的分析集中體現了這種二元對立的分析模式。

　　李維斯陀在分析一個神話時，有先對這個
神話的意義作出假定：這個神話能夠解釋一對
矛盾，或者簡化這對矛盾。其方法是在一個四
項公式（A Four-term Formula）中建立這
對矛盾的兩項與另外兩項之間的關係。比如奧
底帕斯神話可以作如下處理：

A	B
卡德摩斯尋找他的妹妹歐羅巴	斯巴托伊人互相殘殺
奧底帕斯與伊俄卡斯忒結婚	奧底帕斯殺死拉伊俄斯
安提戈涅埋藏哥哥波呂尼西斯	厄忒俄克勒斯殺死哥哥波呂尼西斯

C	D
卡德摩斯殺死惡龍	拉布達科斯＝跛足
奧底帕斯「殺死」斯芬克斯	拉伊俄斯＝左足偏癱
	奧底帕斯＝腫腳

　　Ａ欄中的事件有過分強調親屬關係的共
性，與Ｂ欄中的事件過低估計親屬關係形成反
照。Ｃ欄事件由以殺死那些由大地所產生的半
人形的異常動物而否定了人出生於泥土，Ｄ欄
由人不能正常行走而斷定人出生於泥土。人類
據說是從地裡冒出的，但作為個人又為男女結
合之產物。這一矛盾於是被置於對親屬關係的
過高估計和過低估計的對立之中。

　　在《生食和熟食》（*Le Cru et le cuit*）
的前言中，李維斯陀寫道：「此書的目的是說
明：經驗性分類，例如生的與熟的、新鮮的與
腐爛的、潮濕的與乾燥的……如何能夠用作觀
念性的分類方法，以構成一套抽象的觀念，並
且使它們在多種觀點中結合起來。」總之，對
他而言，一切關係最終都可以還原為二元對立
關係，而具體的二元對立從屬於其結構方法的
總原則：自然與文化的二元對立。德希達在讀
解李維斯陀時，即用「亂倫禁忌」既是自然
的、又是文化的來消解這種僵硬的二元對立。

　　結構主義關心意義問題，但它關心的不是

意義本身，而是意義產生的條件，也就是說，
正是文本的某些約定或模式決定了意指（To
Mean）成為可能。我們不妨看看傅柯關於知
識問題的分析。他的知識考古學不是著眼於分
析具體知識，而是分析各種知識成為可能的
「推理性構成」（Discursive Formation），
或者說認識論條件（認識論上的約定）。這種
分析運用於文學或其他人文科學的研究是可能
的。比如文學研究，其目標是分析一部作品成
為文學作品的條件，也即文學性。

　　結構主義者很重視對系統結構或一般原則
的描述，這一工作差不多是程式化的。他們尤
其致力於敘事學（Narratology）和敘事語法
（Narrative Grammar）的研究。自六〇年代
以來，敘事問題成為一個國際性的、跨學科的
課題。結構主義的確應當關心各個領域，因為
我們事實上生存在一大堆約定之中（服裝符
碼、菜譜、運動議式等等）。華萊士・馬丁（W.
Martin）在其《當代敘事理論》（*Recent
Theories of Narrative*）中寫道：「如果批評

家的事業就是解釋符號,我們的整個社會就可
以是批評家的文本。」我們只有揭示了不同社
會現象的約定,才能夠明白日常生活中各種意
義的產生。

　　敘事學主要還是透過研究社會現象中的一
些約定來闡釋這些現象的意義。按照大衛‧洛
基(D. Lodge)的看法,敘述學旨在「發現敘事
的語言(Langue of Narrative)、基礎性的規
則系統,以及任何敘事的言語(Narrative
Parole)即文本得以實現的可能性。」在結構主
義大家族中,熱奈特(Genette)、布萊蒙
(Bremond)、格雷多(Greimas)、托多洛夫、
羅蘭‧巴爾特、李維斯陀等人在敘事學的研究
方面都頗有成就。

　　我們不妨看看俄國民俗學家普羅普
(Propp) 在這方面的研究,他的研究奠定了
結構主義敘事學的基本方向。他在敘事分析方
面早有成就,但直到五○年代才引起注意。普
羅普致力於研究俄國民間 (神奇) 故事,他關
心各個故事之間本質上的共同性,他認為:

「我們可以從故事的組合、結構的角度進行比較，這樣，它們的相似之處將從一種新觀點角度表現出來。」

　　普羅普發現，神奇故事裡的人物雖然在表面上非常不同，如年齡、性別、職業、身分以及其他靜態的特點和屬性，但在整個故事情節中都完成同樣的行為。他要解釋的是恆定不變的因素與可變因素之間的關係。他認為，人物的功能是恆定不變的因素，而其他方面是可變的。如他舉的例子：

　　1.國王派伊凡去尋找公主。伊凡動身出發。

　　2.國王派伊凡去尋找奇物。伊凡動身出發。

　　3.姐姐派弟弟去尋找藥。弟弟動身出發。

　　4.繼母派繼女去尋找火。繼女動身出發。

　　5.鐵匠派徒弟去尋找牛。徒弟動身出發。

　　……

　　可以看出，派遣和動身出發去尋找是恆定不變的因素，誰派遣和誰動身出發去尋找，以

及派遣的理由是可變的因素。

　　普羅普撇開可變因素，只是對人物的功能進行分類比較，得出了神奇故事共有31種功能的結論。當然，並非所有的故事都具備31種功能，缺少幾項並無多大影響。這樣，「全部功能構成一個體系，一個組合，這個體系恰好是極其穩定和廣泛的。」普羅普認為，神奇故事的基本形式都是與宗教聯繫在一起的，而其派生形式則與現實聯繫在一起。一個故事約有一百五十種因素，每一種因素都有多種可變形式，但從總體上看，由於功能方面是恆定的，敘事結構並不因此而改變。

　　結構主義最為看重的還是文學領域，它致力於建設一門「文學科學」（Science of Literature）──結構主義詩學（Structuralist Poetics），也就是說把語言學模式運用到文學理論之中。卡勒寫道：「如果誰有意將語言學方法運用於文學研究，最簡單的辦法就是用語言學的分類描述文學文本的語言。」在他看來，俄國形式主義、布拉格結構主義美學批評，

以及當代結構主義的批評，都設法把結構語言
學的方法直接運用於詩歌語言分析。按雅克慎
的看法，詩學乃是語言學的一個組成部分，可
以將之界定爲「在語言訊息這個總的背景和詩
歌這個具體背景下，對詩歌語言之功能的研
究。」

　　實際上，結構主義批評家很少直接分析詩
歌中的語言，而是一般地探討文學語言的詩意
特徵，或者說語言的「詩學用法」。所謂語言
的詩學用法，指的是把音韻和語法上互相聯繫
的語言單元排列成語序，排列成完整的結構形
式。

　　結構主義詩學是形式主義片面注重形式的
傾向的繼續，它力圖證明文學科學是可能的。
把文學與語言（詩語）劃等號，表明結構主義只
關心文學的文學性，把分析局限在孤立的文本
之內。這樣，文學不是現實的反映或模仿，已
與作者的心理、生平毫無關係，它成爲一個獨
立的自足體，表明的是語言或符號的自足活
動，作家皮埃爾·居約塔（P·Guyotut）的小說

　　《伊甸園，伊甸園，伊甸園》中曾出現一個長達二百五十五頁的句子，羅蘭・巴爾特在《這就是意義之所在》（《伊》之前言）中評論說：「彷彿小說的問題不在再現想像的場景，而在表現語言的場景。於是，這種新的模仿的對象已不再是主人公的奇異經歷，而是符號能指的奇異經歷：發生在它身上的一切。」這種小說無疑是詩學所最為看重的，但它畢竟不多見。

　　　結構主義是索緒爾語言學革命的產物，由於它的獨創性研究，由於它對新方法的探索，它對二十世紀下半葉的人文科學產生了深遠的影響。但是，在一批「少壯派」眼裡，這種研究仍然停留在傳統形而上學之內，逐漸轉向了保守，因此應當讓位於後結構主義。

第二章
後結構主義概況

　　在前面一章，我們看到結構主義革命實際
上在本世紀初就已經開始，在六〇年代則達到
了高潮。然而，好景不長，結構主義在占據學
術舞台的同時，產生了內部紛爭，進而產生了
分化。一部分人繼續結構主義後「科學使
命」，另外一部分人開始走向更具有批判性，
但同時多半具有遊戲色彩的後結構主義。

一、如何確認後結構主義

　　德希達以1966年在約翰·霍普金斯大學所

作的《人文科學話語中的結構、符號與遊戲》
的報告，尤其是1967年發表的《書寫與差異》
(*Writing and Difference*)、《論書寫學》(*Of
Grammatology*)和《聲音與現象》 (*Speech
and Phenomenon*) 等三部巨著，率先向結構
主義發難。羅蘭‧巴爾特發表的《作者之死》
(*The Death of Author*，*1968*) 、《*S/Z*》
(1970) 、《從作品到本文》 (*From Work
to Text, 1971*》、《文本的愉悅》 (*The Plea-
sure of Text, 1973*) ；傅柯發表的《詞與
物》 (*Words and Things*) (1966) ；德勒
茲 (*Deleuze*) 和卡塔里 (*Guattari*) 發表的
《反奧底帕斯：資本主義和精神分裂症》
(*Anti-Oedipus: Capitalism and Schizoph-
renia, 1971*) 等，更進一步地推動了結構主義
向後結構主義過渡。許多結構主義的信徒轉宗
後結構主義，例如美國文學理論家們本來致力
於引進結構主義，由於情勢變化，也就很快致
力於引進後結構主義，或者把後結構主義作爲
結構主義引進。

　　我們上面所說的實際上還是渾沌一團。我
們還沒有弄清楚後結構主義的範圍，亦即，尚
未界定何爲後結構主義。關於後結構主義的構
成及其與結構主義的關係問題，學術界分歧是
很大的。李斯（P. Rice）和沃格（Waugh）
在他們編輯的《現代文學理論讀本》中指出：
有些人認爲後結構主義是對索緒爾的更極端的
閱讀，另一些人認爲它是結構主義自我反思的
一個環節；有些人認爲它是對結構主義的批
評，另一些人認爲它是對結構主義的發展；在
某些情況下它與德希達開啓的分析模式——解
構理論差不多是同義詞，在通常的情況下則指
德希達和後期巴爾特的工作，不太確定地也把
傅柯和拉岡的工作包括在內。在這兩位學者的
用法中，後結構主義指的是一系列以結構主義
爲前提，但遠離其某些重要特徵的工作。他們
認爲，後結構主義更激進地批判了正統批評理
論，結構主義本身也被歸入這一正統之列。在
他們看來，後結構主義是一種「後索緒爾主
義」，因此範圍很廣，不應當局限於德希達的

解構批評。

　　傑佛遜（A. Jefferson）和羅比（D. Robey）在《現代文學理論比較導讀》（*Modern Literary Theory: A Comparative Introduction*）中主要列舉了巴爾特和德希達。他們認為，「巴爾特的《S/Z》既是老結構主義（或經典結構主義）的繼續，又是其顛覆。」「德希達的作品與巴爾特後期作品一樣，既是對結構主義的繼續，又是對它的批評。」他們將德希達、巴爾特與結構主義的關係看作是內部分歧，認為德希達和巴爾特更嚴格、更深入地運用了索緒爾語言學理論所包含的義蘊。

　　謝爾敦（Selden）在《當代文學理論導讀》（*A Reader's Guide to Contemporary Literary Theory*）中這樣寫道：「在六〇年代後期的某一時刻，結構生育了『後結構主義』。一些評論家相信後來的發展已經暗含在早期階段。人們可以說後結構主義僅僅是結構主義含義的全面展開。但這種論述不是那麼令

人滿意，因為，十分明顯的是，後結構主義力
圖貶抑結構主義的科學抱負（Scientific Pre-
tensions）的重要性。」在他看來結構主義像
英雄一樣，要求主宰人造符號世界，而後結構
主義則戲劇般地、反英雄地拒絕嚴肅對待如此
要求，他同時指出，「後結構主義對結構主義
的嘲諷差不多是自嘲：後結構主義者是那些突
然發現，他們自己的方式錯了的結構主義者。」
在此，謝爾頓表明了兩者間的複雜關係，他甚
至認為，「在索緒爾的語言學理論中已經可以
看到後結構主義反向運動的開始」。謝爾敦分
析了羅蘭・巴爾特、克里斯多娃、拉岡、德希
達、德・曼（de Man）、懷特（White）、布
魯姆（Bloom）、哈特曼（Hantman）、米勒
（H. Miller）、傅柯和薩伊德（Said）等人的
後結構主義觀點。在他那裡，後結構主義的範
圍是相當寬泛的。

　　其他著作尚有其他看法，在此不再述及。
從總體上看，這些著作都採取列舉的方式，未
曾明確後結構主義的標準和範圍。在許多人看

來，德希達的解構主義差不多是後結構主義的
同義詞，我們不妨根據德希達的思想來作標
準，這樣就可以把與解構觀念有比較密切關係
的理論劃在後結構主義陣營。只是應當承認，
同一中有差別，按照親緣關係，美國解構主義
者（「耶魯四人幫」及其信徒）毫無疑問地歸
屬後結構主義；羅蘭・巴爾特晚期關於文本的
生產性和愉悅的有關理論屬於後結構主義；傅
柯儘管與德希達有分歧，他對合理性問題的分
析批判，以及他關於權力的生產性的理論也是
後結構主義的；拉岡關於潛意識理論的分析在
一定程度上接近後結構主義；女權主義批評
家、符號學家克里斯多娃主要受益於德希達、
傅柯、拉岡的有關理論，她的觀點基本上歸屬
於後結構主義。

　　在後結構主義陣營中，儘管存在著許多分
歧，但在如下幾個方面具有明顯的共同性：

　　1. 後結構主義主張「主體離心化」，各位
大師從不同角度削弱了主體的地位。拉岡用語
言學模式重構佛洛依德的精神分析學，以說話

主體（Speaking Subject）取消了實體性主體（自我）的位置。傅柯把人看作是十九世紀的一個「發明」，宣稱他已經臨近終結。羅蘭・巴爾特宣布「作者死了」，取消了作者對於文本和讀者的權威地位。德希達透過閱讀先哲的作品，發現人在目的與死亡之間的漂泊遊離。後結構主義關於主體消亡的觀點與結構主義大抵相同，但德希達更傾向於以遊戲的立場對待主體問題。

　　2.後結構主義對邏各斯中心論展開了批判，但並未因此陷入非理性主義。結構主義對傳統哲學、語言學展開了批判，但它從根本上看仍然囿於邏各斯中心論之中。後結構主義力圖透過使索緒爾的語言學革命極端化而衝破邏各斯中心論。例如，傅柯既批判了理性的專制，又看到了它的生產性，從而沒有陷入二元對立的批判模式中：要麼承認理性，要麼陷入非理性之中。德希達透過揭示傳統文本中的隱喻、邊緣性因素，來發現邏各斯與非理性因素之間的相互依存。

　　3.後結構主義和結構主義一樣，主張由外部分析回歸文本內部分析。但是，與結構主義的靜態的結構分析不一樣，後結構主義主張文本的生產性。讀者應當看到文本是處於運作之中的，讀者也可以在閱讀中玩字詞遊戲，使這種運作成為多樣的、多向的。於是，文本的單意義消失了，它自我解構，導致意義增殖和不確定性。羅蘭·巴爾特對「可讀的」（Lisible）文本和「可寫的」(Scriptible)文本進行了區分。他看重的是「可寫的」文本。在此，讀者的地位實現了。讀者更多地關心文本的愉悅，而不是意義，但是存在著「愉悅」（Pleasure）和極樂（Bliss）之間的不同，巴爾特更關注後者。德希達關於「讀與寫是單一姿態中的雙重」的觀點則區分了傳統閱讀與解構閱讀之不同。前者力圖重複、重構文本主義意義，後者指向意義的增殖。

　　我們在後面一節中先簡單地概述各位代表人物的生平事蹟和基本觀點，在後面兩章中則集中介紹一些代表性的立場和觀點。

二、代表人物簡介

在這一小節中，我們將對羅蘭・巴爾特、傅柯、德希達、拉岡、克里斯多娃和耶魯學派四人（德・曼、米勒、哈特曼、布魯姆）的生平事跡、作品、基本學術立場作一個簡單地介紹，為後面諸章集中分析後結構主義的有關觀點打個基礎。

1.羅蘭・巴爾特

巴爾特（1915～1980），出生於法國外省的一個信仰新教的中產階級家庭。幼年喪父。隨母親及祖父在法國西南部一處叫做巴納揚的小城中度過幼年。九歲時隨母親到巴黎，靠母親當裝訂工的微薄收入生活和讀書。通過中學畢業會考後，準備報考巴黎高等師範學院，但因患肺結核病而未果。在庇里牛斯山區修養一年後，回巴黎續修法語、拉丁語等大學學位課程，同時用一部分時間參與古典戲劇演出。二

次世界大戰爆發之後，因病免除服兵役的巴爾
特在中學任教，曾由於疾病復發而中止工作達
五年之久。在此期間他閱讀了大量書籍，並成
爲沙特的信徒和馬克思主義者。病癒後不久，
他先後到羅馬尼亞和埃及教授法語。在埃及期
間，經由同事格雷馬介紹，開始接觸現代語言
學。

　　回國之後，巴爾特在主管海外教學的政府
文化部門任職兩年。1952年他獲得了一筆資
助，開始研究和撰述有關詞彙學的論著和十九
世紀初葉社會辯論的詞彙學。這一工作成效不
大。他倒是在文學批評方面有所收穫，發表了
《寫作的零度》(*Writing Degrees Zero*,
1953)和《米歇萊自述》(*Michelet Par Lui-
même, 1954*)。自此以後，他在批判方面的進展
順利，並推進到各個領域。1957年發表論文集
《神話學》(*Methologie*)。1960年成爲「高等
研究實驗學院」教師。1963年發表《論拉辛》
(*Sur Racine*)。1964年發表《新批評文集》
(*New Critical Essays*)、《符號學的基本概

念》(*Elements of Semiology*)。1966年發表
《批評與眞實》(*Critique et Vérité*)，目的是
爲了回答索邦大學教授皮卡爾 (R. Picard)
的攻擊性作品〈新批評還是新騙術〉
(*Nouvelle Critique Ou Nouvelle Imposture*)，
並提出了結構主義的「文學科學觀」。1967年發
表的《服裝系統》(*The Fashion System*)是
結構主義語言學模式在社會文化現象中運用的
一個極好例證。

　　巴爾特於1968年發表《作者之死》(*The
Death of Author*)，這標誌著他的思想由結
構主義向後結構主義轉變。其後發表的作品都
與結構主義產生了斷裂，分別爲：《S/Z》
(1970)、《符號帝國》(*L'empire des
Signes*, 1970)、《薩得、傅立葉、羅約拉》
(*Sade, Fourier, Loyala*，1971)、《寫作：
一個不及物動詞》(*To Write: An intr-
ansitive Verb*, 1972)、《文本的愉悅》(*The
Pleasure of the Text*，1973)、《羅蘭·巴爾
特》(*Roland Barthes by Roland Barthes*，

1975) 、《想像‧音樂‧文本》（*Image-Music-Text*，1977) 、《戀人絮語》（*Fragments d'un discours amoureux*，1977) 、《音粒》（*Le grain de la Voix* 1981) 。

　　1980年2月，巴爾特在參加完一次與社會黨人政治家和知識分子的午餐會後，當其穿過法蘭西學院門前的大街時，被卡車撞倒。在醫院住院一個月後，本以爲可以恢復，不料卻瘁然辭世了。當此之時，他爲法蘭西最高學術機構——法蘭西學院的教授。

　　巴爾特是一位文壇怪傑。著名批評家卡勒在其《羅蘭‧巴爾特》一書中用了「多才多藝的人」、「文學史家」、「神話學家」、「批評家」、「論戰家」、「符號學家」、「結構主義者」、「享樂論者」、「作家」、「文士」諸種稱謂，足見其「聰明才智」和學術地位。

　　巴爾特是一個矛盾的集合體：他以批判法國學院派文化著稱，最後卻榮任法蘭西最高學術機構的教授；本來是「文學科學」的提倡者，最後卻轉變爲文本愉悅的尋求者；本來是

一位嚴謹的結構主義者，後來卻成爲對「戀人
絮語」感興趣的後結構主義者；本來是一位多
產作家，卻一直宣稱作家死了。這種矛盾的性
格恰恰是巴爾特的創造性的源泉。

　　我們並不因此就把巴爾特看作是一個隨波
逐流的人，一個變色龍。事實上，他有一種從
未變化的東西，那就是他所具有的「前衛意
識」，他自稱處在「前衛派的後衛上」，而卡
勒說他「以前衛派文藝的擁護者著稱於世」。
對於一個企求穩定的人來說，巴爾特的風格有
些讓人受不了，但對於一個具有前衛意識的人
來說，他的作品始終激動人心。他的生命原則
就是忘記過去，「我設法使自己被有生命物具
有的忘卻力量所支配。」不流連過去乃是創造
得以進行的必要條件。

　　作爲一個批評家，巴爾特對米歇萊、拉辛、
薩得和巴爾扎克（Balzac）等人的作品進行了
整體上的分析。而他所欣賞的作家主要有布萊
希特（Brecht）、羅伯-格里葉（Robbe-
Grillet）和索勒斯（P. Sollers）。我們說過，

巴爾特在前期主要致力於一種「文學科學」的
探討。他提出的「零度寫作」和「不及物寫
作」的概念顯示，他與沙特的「介入理論」不
同，他關心的不是文學與現實的關係，而是文
學內部的關係，他關心的是文學的文學性和詩
學特徵。我們更爲關心的當然是其後期思想。
然而，我們很難明確劃分其前後期思想，卡勒
指出：「許多宣告爲『後結構主義』的東西，
實際上在結構主義的寫作中就已經明顯可見
了。」在《S/Z》中，巴爾特一方面在繼續
《批評與眞實》中描述過的「詩學」，一方面
又在動搖這一詩學的根基。他本人和研究他的
人都認爲，這是結構主義要素和後結構主義因
素交融在一起的一個例子。《文本的愉悅》、
《羅蘭‧巴爾特》、《戀人絮語》才是類似德
希達解構風格的眞正作品，以追求愉悅、結構
消融、片斷話語超越了詩學和敍事學的嚴肅使
命。

2.米歇爾·傅柯

傅柯（1926～1984），生於法國普瓦提耶，少年時代是在戰爭陰霾中度過的。二次大戰結束後，他先後在巴黎高等師範學院和巴黎大學就讀。1948年獲哲學學位，1950年獲心理學學位，1952年獲精神病理學學位，1960年獲國家博士學位。1960～1962年任克萊蒙費朗大學系主任，1964～1968年任該校教授。1968～1970年任巴黎大學及樊尚大學教授。1970年開始任法蘭西學院「思想體系史」教授。其間他還在世界各地多所學校教過書。1984年，傅柯英年早逝。

傅柯是當代法國除沙特外最有影響的大思想家，他的著述涉及面廣，題材多變，成果豐厚。

早期作品：《心理疾病與人格》〔（*Mental Illness and Personality*），1954年第一版，1962年版改稱爲《心理疾病與心理學》（*Mental Illness and Psychology*）〕；《瘋癲與非理性：古典時代的精神病史》〔（*Madness and Unreason*），1961年第一版，1972年版改稱爲《古典時代的瘋癲史》（*A History of Madness in Classical Age*），1973年英文版濃縮其內容稱爲《瘋癲與文明：理性時代的精神病史》（*Madness and Civilization: The History of Insanity in the Age of Reason*）］；《診所的誕生》（*The Birth of the Clinic*，1963）；《詞與物》［（*Words and Things*），1966，英譯本根據傅柯本人的意願稱爲《物的秩序》（*The Order of Things*）］；《知識考古學》（*The Archaeology of Knowledge*，1969）。

後期作品：在完成《知識考古學》後，傅柯差不多6年時間沒有出大部頭著作，他把精力主要花在反思自己的方法上。在早期他運用的是一種考古學方法（Archaeological Method），重在靜態地描述知識之所以可能的條件，後來，他逐步啓用系譜學的方法（Genealogical Method），將描述和解釋結合起來。這一時期的主要作品爲：《懲罰與規訓》（*Disci-*

pline and Punish，1975)和《性欲史》(*The History of Sexuality*)。《性欲史》打算寫成六卷，因傅柯去世而未完成計畫。已完成的共三卷，分別爲：第一卷《認知的意志》(*The Will to Knon*, 1976)，第二卷《快感的享用》(*The Use of Pleasure*, 1984)，第三卷《自我的呵護》(*The Care of Self*, 1984)，此外，第四卷《肉欲的懺悔》(*The Confession of Flesh*)已經完成了一部分。

　　傅柯還寫有大量的論文，彙編的論文集有《語文、反記憶、實踐》(*Language, Counter-memory, Practice: Selected Essays and Interviews*)、《政治、哲學與文化》(*Politics, Philosophy, Culture: Interviews and other Writing*, 1974～1984)、《知識與權力》(*Power/ Knowledge: Selected Interviews and other writing*，1972～1977)。在他去世之前，傅柯談到要寫一本名叫《自我技術學》(*Technologies of Self*)的新書，可惜未能如願。不過，從《性欲史》和他在Vermont大學所

做《自我技術學》的演講中可見其思想概略：
大抵是要讓從認識論上被驅逐的主體在倫理和
生存意義上回歸。

　　傅柯由於在國外任教而未能親自參與六〇
年代法國國內的一系列重大事件，但他的「作
家生涯」卻與這些事件息息相關。他的著作
（主要是《瘋癲與非理性》）影響了「五月風
暴」，改變了青年學生對社會現狀的認識，而
學生運動反過來又影響了他自己：使他的思想
產生更為廣泛的影響，並促使他進行更進一步
的理論反思。整個說來，他始終站在非主流的
各種運動一邊，不僅支持學生運動，也支持婦
女爭取權利的運動、犯人要求改善監獄條件的
運動，以及同性戀者爭取自身權利的運動。他
的著作十分關心諸如「瘋子」、「病人」、「犯
人」之類「邊緣人」的處境，關注「精神病理
學」、「醫學」、「犯罪學」、「性學」之類
是如何誕生的。

　　傅柯表示，他的寫作主要是為了自己，為
了一種審美的生存。在他看來，作者死了，作

者無法干預社會生活。他承認自己是一個知識
分子，有一定的社會責任，但他只是一個「特
殊的知識分子」，而不是「普遍的知識分
子」，儘管他可以給人們提供一些意見供其選
擇，但公衆意見才是最終的決定因素。所以，
他儘管關心政治，並以學術批判爲幌子批判社
會，但他卻十分明白：這個世界本身的改變不
如個人生活的改變更切身。作爲一個作家，他
以寫作來改變自己，「我一生都在拚命工作，
我對我做的事情的學術地位不感興趣，因爲我
的問題是我自己的改變。」

　　傅柯受到了十分廣泛的影響。我們從他的
著作中可以看到多重面孔的交替出現：正統馬
克思主義（Orthodox Marxism）、法蘭克福學
派的批判理論（Critical Theory）、現象學
──存在主義（Phenomenology-existentia-
lism）、結構主義、佛洛依德主義（Freudis-
m）、尼采的權力學說和系譜學方法、巴什拉爾
（Bachelard）和康吉揚（Canguihem）的科
學史與科學哲學觀念。最初，馬克思主義對他

的影響很大，他是馬克思主義者阿杜塞的學
生。後來，結構主義思想、科學史與科學哲學
觀念、尼采關於認知與真理的有關觀念逐漸占
上風。人們公認他是一位結構主義者，但他本
人一直否認自己與結構主義有染，不管怎麼
講，正是由於複雜的理論背景，使得傅柯的思
想異常複雜，他自己也聲稱自己的思想是多變
的。他在《知識考古學》〈導言〉中寫道：
「不要問我是誰，也別要求我保持不變，讓官
僚和警察去審查我們的文章是符合秩序的吧！
最好在我們寫作時別來進行道德說教！」於
是，人們可以從多方面來評價他，例如古亭
（G. Gutting）在其所著《傅柯的科學理性考
古學》（*Michel Foucault's Archaeology of
Scientific Reason*）中指出，傅柯「可以被看
作是一個哲學家，一個社會歷史學家，一個文
獻分析者，一個社會的與政治的批評家」。最
重要的還是他對思想史進行的考古學和系譜學
研究，這是一種話語研究。這一研究使他成為
一個結構主義者、後結構主義者，也使他的工

作與一般歷史學家區別開來，使他的思想成爲
目前最時髦的「新歷史主義」（New Histor-
icism）的源泉。

　　傅柯研究思想史的出發點是尋求自由，這
涉及到現代性問題。他的全部著作都致力於對
合理性進行認知和批判。早期作品過分強調了
理性對非理性的壓制方面，在後期作品中則注
意到了生產性與壓制性的結合（參考第三章第
一節）。

3.雅克・拉岡

　　拉岡（1901～1981），生於法國巴黎。曾
在斯塔尼斯拉斯學院和巴黎醫學院就讀，1932
年獲醫學碩士學位。1932～1935年任巴黎醫學
院臨床主任。1936年以後，在巴黎精神病醫院
任臨床醫生。1953年以後爲巴黎聖安妮醫院敎
授。1963年起任巴黎高等實驗專科學校敎授。
1963～1981年爲巴黎 Seuil 出版社主任。1964
年創辦巴黎佛洛依德學派，以與當時的「國際
精神分析學會」（I.P.A.)分庭抗禮。拉岡於
1981年9月9日以八十歲高齡逝世於巴黎。

　　拉岡的主要作品是《文集》（*Les
Ecrits*，巴黎Seuil出版社，1966），包括了他從
1936到1965年發表的一些主要文章，如〈鏡像
階段〉（*The Mirror Stages as Formative
of Function of the I*，1949）、〈主體的顛
覆與佛洛依德式潛意識中的欲望辯證法〉
（*The Subversion of the Subject and the
Dialectic of Disire in the Freudian uncon-
scious*，1960）、〈科學與眞理〉（*Science
and Truth*，1965）等。其他作品有：《電視》
（*Television*，1974）、《精神分析的四個基本
概念》（*The Four Fundemental concepts
of psychoanalysis*，1973）、《自我的語言》
（*The Language of the Self*，1978）、《談
話治療》（*The Talking Cure*，1981）等。

　　拉岡在各種學術機構進行的講學都冠以
Séminaire名號。他的這種講學從1953年持續到
1980年。由Jacques-Alain Miller（巴黎第八大
學心理分析學系系主任）編輯的《*Séminaire:
Livre I*》（1953～54）、《*Séminaire: Livre*

II》（1954～55）、《*Séminaire: Livre III*》（1955～56）、《*Séminaire: Livre XI*》（1963～64）和《*Séminaire: Livre XX*，1973～74）等卷已經由Seuil出版社出版。其他數卷也已經在各類刊物上繼續刊出。

　　拉岡與新佛洛依德主義（Neo-Freudism）各派格格不入，認為他們歪曲了佛洛依德的理論。他認為自己的工作是闡明佛洛依德的思想並將其提昇到科學的水平。他因此倡導對心理分析的理論方向和治療目的進行全面的重新思考。

　　首先，拉岡把語言研究（語言學、哲學、詩學、修辭學）引進心理分析理論之中。他主張，「潛意識的話語具有一種語言的結構」，或者說，「潛意識是像語言一樣構造出來的」。這顯然是用索緒爾的語言學理論重新闡釋佛洛依德的有關理論，這意味著潛意識有自身的意義。他有這樣一句值得玩味的話。「當你不懂你被告知的東西時，不要立刻認定自己應受責備；對你自己說：我不懂這一事實本身

必定有其意義。」亦即，重要的不只是「被告知的」東西，阻止或促進「聽懂」的一些潛意識機制也是十分重要的。拉岡的作品總是在充分利用語言的詩意的和修辭的資源，力圖讓人們與潛意識對話。很多人不知從何處把握他的思想，不知他的寫作風格是溝通的還是非溝通的。實際上，正像Catherine Clément指出的：拉岡玩弄的恰恰是溝通與非溝通之間、光明與晦暗之間的精緻而危險的遊戲。

其次，拉岡提出了一種新的主體理論。拉岡認為，重建佛洛依德思想的關鍵是明確地陳述主體（Subject）與自我（Ego）的對立，「佛洛依德所寫的一切東西都旨在重新提出主體在與自我的關係中的偏離性（Eccentricity）的準確看法。我認為這是最本質的東西，一切事情都應圍繞之而重組。」偏離性實即異化（Alienation）。作為語言（象徵）形式的我（I, Subject）和作為想像或心理實體的我（Me, Ego）是有別的。實際上，不存在任何心理上的自我，這種自我都是幻想的、想像的，

是兒童時期自我認同作用（Self-identificat-
ion）的結果。這發生在兒童生命的最初一年
（鏡像階段），當他（她）在鏡子前面注視並
愉快地在鏡子映出的形象中看到自己之時。他
從鏡中形象裡看到了自己，於是確立了主體與
形象（想像）的區別。當他在這一形象（他
者）中看自己時，他把自己等同於這一形象
（他者），他於是把自己看作是不同於他之所
是的。這樣，為了想像的形象而有了一個弱化
的、患失語症的主體。因此，兒童在想像的形
象中看到自己的身分，自己不統一性，並圍繞
想像組織自己的經驗和環境，他的欲望對象也
成為想像中的。這種主體與想像的對立，是成
人後主體與自我相對立的基礎。自我是內化的
他者，潛意識則是主體處於失語狀態中。必須
明確的是，Subject是一種Speaking Subject，
而不是一種實體，正因為此，拉岡關於潛意識
的理論才能夠與語言學關聯起來。

　　第三，拉岡提出了心理分析的文化地位的
問題。他認為，佛洛依德理論改變了我們關於

知識、我們自己，以及兩者間的關係的基本觀
點，為當代文學和哲學提供了文化框架。傅柯
在現代語言哲學、人類學、思想界的結構主義
轉變中發現了這種新的文化框架。他認為，他
為心理分析打開了通向許多新領域的大門，而
心理分析事實上也已經在許多文化領域中運轉
著。

　　拉岡的研究是卓有成就的，因此在學界奠
定了自己的獨特地位。他的思想引起了作家、
文學理論家、電影批評家、女權主義者、哲學
家、人類學家、歷史學家和精神病學家的廣泛
注意。我們把他看作是一個結構主義者、後結
構主義者，但是，學術界都明白，很難在兩者
間劃定明確的界線。這種不確定或許正是拉岡
思想的持久魅力之所在。較為確定的是，他關
於「潛意識是他者的話語」的觀點，以及關於
說話主體的有關看法，對其他後結構主義者產
生了深刻的影響，正是這樣的一些看法使他被
列入了後結構主義陣營。

4.雅克・德希達

德希達（1930～），法國著名哲學家、文學理論家、解構理論的創立者，後結構主義、後現代主義的中堅人物。

德希達出生在非洲的阿爾及利亞。年輕時在法國服兵役並在那裡完成高等教育，隨後留在巴黎高等師範學院教書。他曾於1956年至1957年間的美國哈佛大學作訪問學者，並先後擔任過約翰・霍普金斯大學與耶魯大學的訪問教授，1960～1964年任教於索邦大學，1965年起任巴黎高等師範學院哲學史教授。但現在是法國社會科學院的研究員，同時兼任美國厄灣加州大學客座教授。

德希達於1962年出版譯作《論幾何學的起源》〔作者爲胡塞爾（Husserl）〕。在其所寫的合著〈導論〉中，我們可以看出其日後思想發端之祕密。

1967年，他發表了三部巨著：《聲音與現象》（*Speech and Phenomena*）、《書寫與差異》（*Writing and Difference*）、《論書寫

學》，這三本書奠定了德希達在學術界的地
位，對哲學和文學理論界產生了巨大的衝擊。

　　1972年，他發表另外三部驚人之作：《哲
學的邊緣》（*Margins of Philosophy*）、《播
撒》（*Dissemination*）、《立場》（*Posi-
tion*）。這些著作的發表加強了他自己的地位。
七〇年代另外幾部精心之作分別是：1974年發
表的文本嫁接和文字遊戲的「巨型蒙太奇」
（Giant Montage）《喪鐘》（*Glas*）；1976
年發表的《馬刺：尼采的風格》（*Spur: Niet-
zsche's Style*）和《輕浮的考古學：讀孔狄亞
克》（*L'archéologie du frivole: Lire Condil-
lac*）；1977年發表的《有限公司》（*Limited
Inc.*）；1978年發表的《繪畫中的真理》（*La
Verité en Peinture*）。

　　到八〇年代他仍然保持強勁的寫作勢頭，
主要作品有：1980年發表的《明信片：從蘇格
拉底到佛洛依德及其之後》（*La Carte Pos-
tale: de socrate à Freud et au delà*）；
1982年發表的《他者的耳朵》（*The Ear of*

the Other: Otobiography, Transference, Translation, Texts and Discussions with Jacques Derrida）；1983年發表的《哲學中新近出現的一種啓示錄口吻》（*D'un ton apocalyptique adopté naguère en philoso- phiè*）；1984 年發表的《灰燼》（*Feu be cendre*）和《符號海綿》（*Signèponge/ Sign- sponge*）；1986年發表的《保羅・德・曼回憶》（*Mémoires Pour Paul de Man*）、《附近》（*Parages*）和《測驗：論保羅・塞蘭》（*Schibboleth, Pour Paul celan*）；1987 年發表的《論精神：海德格及其問題》（*Of Spirit: Heidegger and the Question*）、《心靈：他者的虛構》（*Psyche: Inventions de L'outre*）和《尤利西斯唱機：爲喬伊斯說幾句》（*Ulysse gramophone: deux Mots pour Joyce*）。

　　最新的作品則有：1990年發表的《從權利到哲學》（*Du droit à la Philosophie*）、《瞎子的回憶》（*Mémoires d'aveugle, L'autopor-*

trait et autres ruines）和《胡塞爾哲學的起
源問題》（*le problème de la genèse dans la
philosophie de Husserl*）；1991年與G. Ben-
nington 合作的《雅克‧德希達》（*Jacques
Derrida*）、《另一航向》（*L'autre Cap*，英
譯爲 *The Other Heading: Reflections on
Todays Europe*）、《德希達讀本》（*A Der-
rida Reader: Between the Blinds, ed. with
introduction and notes, Peggy Kamuf*）、
《付出時間I：僞幣》（*Donner Le Temps I:
La fausse monnaie*）和《文學活動》（*Acts
of Literature, ed. Derek Attridge*）；1992年
發表的《哲學機構》（*Institutions of Philos-
ophy, ed. Deborah Esch and Thomas
Keenan*）和《協商：書寫》（*Negotiations:
Writing, ed. D. Esch and T. keenan*）。

　　我們看到，九○年代發表的作品更多地是
他人對其早期發表過的一些文章的重新編排。
德希達還寫有論文250餘篇，當然，這些文章基
本上都已經結集在如上所列著作中。事實上，

他的每一本著作差不多都是數篇論文或講演稿
的結集。

德希達早期作品具有一定程度的理論色
彩，但已經向遊戲性方向發展。他主要是透過
閱讀柏拉圖（Plato）、盧梭（Rousseau）、黑
格爾（Hegel）、胡塞爾（Husserl）、海德格
（Heidegger）等大師的作品而對哲學、文學、
語言學方面的問題進行重新思考。後期作品更
傾向於遊戲性，涉及範圍也更廣泛，甚至擴展
到建築、繪畫、政治、國際關係等領域。

德希達早年師從希波利特（J. Hyppolite）
學習黑格爾哲學，也受到馬克思的影響。他一
生都沒有擺脫黑格爾的影子。他自己曾經說
過：「他總是努力地想擺脫黑格爾，想越過黑
格爾到前面去，卻發現黑格爾始終等在前面。」
這意味著他每走一步，都與黑格爾的索引有
關。他後來樂於承認：既然擺脫不了黑格爾的
影響，乾脆就作一個徹底的黑格爾主義者，把
黑格爾主義發揮到極致，對黑格爾的「揚棄」
（Aufheben）進行揚棄。就馬克思的影響而

言，作爲一個戰後出生的知識分子，他是在馬克思主義的大氣候下逐漸成熟的。68年「五月風暴」之後，他與其他知識分子（如傅柯）一樣，逐步偏離，但仍然保留了許多因素。直至最近，他還宣揚自己是一個馬克思主義者。

德希達很快就被捲入了當時名聲大振的結構主義浪潮中。作爲一個哲學家介入到涉及面十分之冷，但以文學理論爲主的巴黎結構主義圈子中，他（傅柯也一樣）顯然具有十分明顯的優勢，能從理論上全面地把握結構主義革命的意義及其局限性。這樣，他和一幫圍繞《如是》（*Tel Quel*）雜誌的年輕人很快就和李維斯陀等人絕裂了，進而形成了以他和羅蘭·巴爾特爲代表的後結構主義。這一流派成爲後現代主義的一股中堅力量。

德希達的後結構主義有一個特別的名稱，叫做解構理論（Deconstruction，又譯解構主義），該理論的形成除了受到黑格爾、馬克思的影響外，主要還接受了來自索緒爾、尼采、佛洛依德和海德格的影響。

　　我們說過，後結構主義是索緒爾語言學觀念的極端化，這在德希達著作中表現得十分明顯。德希達消解了索緒爾思想中包含的邏各斯中心論〔Logocentrism，主要是指聲音中心主義（Phonocentrism），即認爲言語優先於書寫〕，並發揮了後者關於符號的任意性原則和差異性原則，從而形成符表遊戲的觀念、分延（Différance）的觀念。

　　尼采是西方傳統哲學、道德、宗教、價值觀念的叛逆者。德希達沒有接受這一瘋狂的、虛無主義的尼采，他更多地發揮了一個喜歡遊戲的尼采，一個遊戲人生的尼采，「跳動的雙足」、「跳動的鵝毛筆」、「酒神」就是哲學家或思想家的新形象。德希達自己介於形而上學者黑格爾和虛無主義者尼采之間，或者這也是消極的黑格爾和積極的尼采兩種形象的疊合。

　　佛洛依德因嘗試衝破形而上學傳統而受到德希達的重視，德希達用其「壓抑理論」來證明聲音對書寫的壓抑史。德氏認爲，傳統哲學

抬高「說」、貶低「寫」表明，全部西方哲學
史（文化史、文學史、語言學史）乃是聲音對
書寫進行壓抑的歷史。他認爲，儘管對邏各斯
中心主義的解構只是對哲學史進行心理分析，
但它默認了在理論上可以借用一些佛洛依德主
義的概念。當然，我們不能完全將邏各斯中心
主義的壓制等同於心理方面的壓制，後者只是
總的壓制下的具體行爲。一旦消除了對書寫的
普遍壓制，心理壓制之類也就不復存在了。

　　海德格在當代世界哲學舞台上的地位是不
可動搖的。儘管海德格因「納粹事件」而受到
衆多指責，德希達在學理上仍然十分推崇他。
嚴格地講，海德格是德希達的眞正導師。一般
認爲，海德格的思想前後有別，前期重生存闡
釋，後期重語言分析。高達瑪（Gadamer）的
詮釋學（Hermeneutics）發展了海德格前期思
想，而德希達發展了其後期思想。

　　德希達思想的核心是「解構」。解構一詞
實際上來源於海德格的分解（Destruction）
概念。現象學分解（Phenomenological

Destruction) 是海德格現象學方法的成分之
一。他把分解看作是「一種批判的步驟」,「最
初必須利用的概念被分解至它們由以引出的源
泉。」海氏認為,概念在歷史長河中會被遮蔽,
會出現偏差,這就需要清理其系譜,進而尋找
起源,推斷歸宿。德希達同樣發現了概念偏差
的存在,但他並不尋找其起源與歸宿,而是緊
緊抓住概念偏差或語詞歧義,進而利用它來瓦
解文本的一致性。也即,海德格旨在恢復對話,
德希達卻消融了對話的可能性。於是,海德格
為了建立基礎存在論 (Fundamental Ontol-
ogy) 而強調「存在論差異」(Ontological
Difference) ,德希達為了消解形而上學而啓用
分延 (Différance) 。Differance是Différence的
改造,意指差異的展開。

　　德希達學術貢獻主要表現在兩個方面:一
是對西方文化的形而上學基礎進行了理論批
判;一是開啓了對待文本的一種遊戲姿態。德
希達學說直接開啓了美國解構批評,並且成了
後現代主義的哲學旗幟。

5.朱麗婭‧克里斯多娃

克里斯多娃（1941～），出生於保加利亞的一個中產階級家庭。早年師從法國修女學習，喜歡數學、物理學、化學方面的課程，期望成為天文學家或物理學家，在大學期間卻學了文學。1966年她獲得了巴黎大學的博士獎學金，從此開始了在巴黎的學習和研究工作。在此期間，他遇上了先她移居巴黎的同胞托多洛夫。我們在前面提到過，托多洛夫是結構主義的著名成員，他把克里斯多娃介紹到魯希安‧郭德曼（Lucien Goldmann）的討論班。獲得博士學位後，他一直在大學教書，為語言學教授。克里斯多娃的夫君為著名前衛作家菲力普‧索勒斯（Phillip Sollers）。

克里斯多娃發表的主要著作有：《符號學》（*Semiotiké*，1969）、《傳奇小說的文本》（*Le Texte du Roman*，1970）、《詩歌語言的革命》（*La Révolution du Language Poétiane*，1974）、《中國婦女》（*About Chinese Women*，1974）、《語言中的欲望：

對待文學藝術的一種符號學方法》 (*Desire in Language : A Semiotic Approach to Literature and Art*，1980) 、《婦女的時代》(*Women's Time*，1981) 等。

克里斯多娃受到來自多方面的影響，其理論建樹也是多方面的。在馬克思主義、語言學、哲學、心理分析、符號學、解構理論方面都有她的一席之地。她對各種新潮理論都保持若即若離的關係，她與後結構主義「如是」團體的關係也是如此。羅蘭‧巴爾特評價說：「克里斯多娃總是把我們舒心地接受、並引以為自豪的最新觀念徹底摧毀。」

在小說理論方面，克里斯多娃的基本看法是：小說自誕生之日起，便包含著反小說的種子，這意味著文本中總是包含著斷裂、含混不清、自我否定的特徵。她的分析通常基於心理分析理論，她認為，通常以為規範化的、被理性地接受的東西總是不斷地受到異質的、非理性的東西的威脅。西方思想一直以一個假定的統一的理性主體作為文本思想連貫和統一的保

證。但克里斯多娃認為，理性從來不可能完全按自己的意願行事，愉快方面的聲音（酒、性、音樂）不斷在顛覆理性的意念，主體的姿態因此處於變動中，主體也因此是一個過程而不是實體。

　　克里斯多娃在符號學方面頗有成就，但她的研究不以靜態結構為目的。她認為符號學探究的價值，就在於它具有一種審視自身假設前提的無休止的促進：「符號學除了作為對於符號學的批判以外，不能再進一步發展……符號學的研究不啻是這樣一種考察，考察結束時，它除了發現自身的意識形態運動以外，一無所獲，於是它只好承認它們，否定它們，再重新開始。」於是，她承認符號學「無法證明是一門科學，更毋庸說是唯一的科學。」這種姿態顯然不同於結構主義，而是轉向了後結構主義。總之，她認為符號學「只是一種研究方向，它總是開放性的，它只是轉向自身的一種理論活動，一種永不停步的自我批評。」

　　克里斯多娃是一位著名的女性主義批評

家，她認爲女性在傳統的文化中一直處於被壓制地位。針對這種狀況，女權主義的策略應分三個階段。第一階段要求的是男女平等，也即，婦女要求平等地進入象徵秩序。第二階段是突出女性的獨特性和重要性，也即強調差異，擯棄男性的象徵秩序，這是一種激進的女性主義。第三階段，也即她自己的立場是：反對男性氣質和女性氣質之間的形而上學二分法。顯然，她的工作不是停留在一般狀況中，而是向關於女人的形而上學觀念發起衝擊，在後結構主義的意義上顛覆陽具中心主義的形而上學。

6.耶魯學派

　　爲了動搖新批評(New Criticism)在美國批評界長達近半個世紀的統治，反叛者差不多運用和借鑑了各種新潮批評流派，如傅萊(N. Frye)的科學的「神話批評」(Myth Criticism)、盧卡奇(Lucács)的黑格爾化的馬克思主義(Hegelian Marxism)、普萊(Poulet)的現象學批評(Pheomenology)、法國結構主義和後結構主義。最終贏得勝利的是以德希達的解構理論

為代表的後結構主義。解構理論被移置到美國
文學理論界，在那裡開花結果，獲得了它在故
土遠遠無法比擬的成功。

　　從總體上看，歐陸的理論化傾向抗拒解構
批評。美國學界為什麼容易接受包括解構在內
的後結構主義呢？這是因為，美國這片土地沒
有受到根深柢固的傳統的影響，也不存在什麼
理論偏見，如果說美國有什麼理論傳統的話，
那就是實用主義和多元論傳統，這是一種開放
的傳統，後結構主義與之完全合拍。因此，當
學界致力於引進結構主義時，後結構主義、解
構主義悄然滲透。人們不僅未將它們看作是外
來者，反而對之有一種親切感、熟悉感。它們
彷彿為美國文化本來就有之物，只不過現在更
系統地加以總結而已。事實上，美國解構理論
不完全是舶來品，而是美國本土文化與法國後
結構主義的一種契合。

　　美國解構理論在七〇年代初創立，主要代
表人物有保羅‧德‧曼（1919～1983）、希利
斯‧米勒（1928～）、傑佛里‧哈特曼（1929

〜）和哈羅德・布魯姆（1930〜）。這幾個人
當時都是耶魯大學的教授，致力於浪漫主義詩
歌和小說的研究。他們認為，浪漫主義詩歌尤
其向解構批評敞開著大門。在德希達影響下，
他們從不同方面研究、提倡、傳播和運用解構
理論，隨之在美國生根發芽，在文學理論界掀
起一股強大的衝擊波浪，並對美國整個人文科
學產生了深遠而持久的影響。

　　從七〇年代初至八〇年代中期，解構理論
在美國一直呈繁榮景象，和其他各種後現代主
義思潮交相輝映，左右著美國各大文化領域
（尤其是文學理論領域）。當此之時，德希達、
耶魯學派的成員們，以及其他一些追隨者在各
種出版社出版了大量專門著作，在《評價》
（*Diac ritic*）、《雕像》（*Glyph*）等專刊上
發表了大量文章，德希達、巴爾特諸人的作品
也從法文翻譯過來，凡此種種，人們被籠罩在
後結構主義、解構主義的話語之中。圍繞解構
的觀念展開的爭論和探討此起彼伏，或攻擊或
辯護，作為一個學人（尤其文學批評家、理論

家），你無法不參與進去。解構理論在美國顯
然是大獲成功。

　　美國解構理論的代表著作有：

　　德希達和耶魯學派「四人幫」共同撰寫的解
構批評的宣言《解構與批評》（*Deconstruction
and Criticism*，1979）。

　　德・曼的《盲視與洞見》（*Blindness and
Insight: Essays in The Rhetorics of Con-
temporary Criticism*, 1971）、《閱讀的寓意》
（*Allegories of Reading; Figural Language
in Rousseau , Nietzshe, Rilke, and Proust*，
1979）、《浪漫主義的修辭學》（*The Rheto-
ric of Romanticism*，1984）、《抵制理論》
（*The Ressistance to Theory*，1986）。

　　米勒的《虛構與重複：七部英國小說》
（*Fiction and Repetition : Seven English
Novels*，1982）、《作爲寄主的批評家》（*The
Critic as Host*，1979）、《斯蒂汶斯的寶石與
作爲治療的批評》（*Stevens' Rock and
Criticism as Cure*，1976）、《論邊緣：當代

批評的十字路上》（*On the Edge: The Cross ways of Contemporary Criticism*）、《解構解構者》（*Deconstructing the Decon-structors*，1975）等。

哈特曼的《超越形式主義》（*Beyond Formalism*，1970）、《閱讀的命運》（*The Fate of Reading*，1975）、《荒原中的批評》（*The Criticism in Wilderness*，1980）、《拯救文本：文學、德希達、哲學》（*Saving the Text: Literature, Derrida, Philosophy*，1981）、《詞、期望、價值：華滋華斯》（*Words, Wish, Worth: Wordsworth*，1970）等。

布魯姆的《影響與焦慮》（*Anxiety and Influence: A Theory of Poetry*，1973）、《誤讀的地圖》（*A Map of Misreading*，1975）、《魔法與批評》（*Kabbalah and Criticism*，1975）、《詩歌與壓抑》（*Poetry and Oppression*，1976）、《形式的突破》（*The Breaking of Form*，1979）、《批評，

標準結構與預言》（*Criticism, Canon Ferma-
tion, and Prophecy*，1954）等。

　　美國解構理論從兩個方面與德希達相關
聯，一是和德希達一樣，美國解構理論也把重
點放在無限制的、不確定的能指遊戲方面，二
是發揮德希達特有的氣質、風格和思維習慣。

　　德‧曼關注的是文本具有的自身解構性，
也即，解構不是指讀者或批評家給予文本什麼
東西，而是促動文本中語言的能動性。文本總
是充滿歧義，充滿隱喻。通常所謂的字面義
（Literal　Meaning）和隱喻義（Metaphor
Meaning）的區分是不可能的。因此，閱讀無法
指向單一的、確定的意義，一切閱讀都只是誤
讀（Misreading）。在德‧曼對閱讀的探討中，
他還故意把文學語言和批評語言交混在一起，
即增加了閱讀的複雜性，又表明了文學與批評
是沒有界線的。德‧曼力圖揭示作品的盲點
（Blindpoint），而且認為，對文本的許多洞見
（Insight）實際上是建立在盲視（Blind-
ness）基礎上的。

　　米勒從七〇年代初開始接受解構理論，並
致力於對小說進行解構閱讀。他的基本觀點
是：小說中充滿虛構、隱喻和轉喻（Fiction,
Metaphor and Metony）等因素，我們因此既
可以對它進行正統閱讀，也可以對它進行解構
閱讀。由於語言歧義和意義的不確定性，一切
閱讀最終都只能是誤讀。而且，我們應當看到，
文本始終處於複雜的「寄生現象」中，一般的
看法是，文學是主人，批評是客人。批評「吃」
文學，「喝」文學，而且還要置文學於死地。
米勒則認為，實際情況要複雜得多。批評文本
固然寄居於文學文本之上，文學文本實際上也
寄居於其他的文本（從前的文學文本與批評文
本）之中。這就形成了批評和文學「互吃」的
局面，使得主客關係變得複雜起來。凡此種種，
單一的、確定的意義消失了。我們面對的是意
義的不確定性與增殖性。

　　哈特曼同樣否認批評和原文（Original
Text）之間存在嚴格的界線，批評本身就屬於
文學範疇。他把傳統批評家看作是「基本教義

者」（Fundamentalist），而他自己則追隨德
希達的解構批評，對小說和詩歌進行解構閱
讀。在他看來，任何作品都不可能是獨創的，
因而沒有「原文」可言，批評性作品可以合理
地利用其他文本，來編織自己的話語。他認為
這是一種「合法的剽竊」。藉由演示文本的歧
義和矛盾，他發現文本是無法獲得系統地理解
的。

　　布魯姆將轉喻（Trope）理論、佛洛依德
的心理分析理論和希伯萊神祕主義（Cab-
balistic Mysticism）結合在一起，用以解釋和
揭示後輩詩人和先驅之間的關係。他認為，自
米爾頓（Milton）這個真正的主觀詩人以來，
詩人們一直受到某種自己來遲了的意識的折
磨。也就是說，他們在詩史上是後來者，他們
害怕祖輩、父輩詩人已經用完了一切靈感源
泉。於是他們體驗到了奧底帕斯（Oedipus）
對父親的仇恨，他們絕望地否定父親。也就是
說，他們認為父輩詩人企圖壓抑和毀滅他們，
他們自己則採用各種防禦機制（Defensive

Strategies）　，以便在心理上爭取到一個想像的
空間，獲得創造的靈感。他們主要是採用了各
種誤讀方式，侵略性地奪來解釋權，透過否定
傳統價值，而樹立自己的詩人形象。

　　美國解構理論思潮的最初領頭羊是保羅・
德・曼，最初的中心是耶魯大學和約翰・霍普
金斯大學。德・曼去世後，最活躍的人物是希
利斯・米勒。八〇年代中後期，其中心也轉移
到了西海岸。德希達和米勒目前都在厄灣加利
福尼亞大學任敎。由於後現代主義在八〇年代
後期的普遍失勢，以及新歷史主義的興起，解
構理論在美國已經走下坡路了。然而，它在美
國文化史，乃至世界文化史上都享有自己的獨
特地位，這是因爲：解構的方法已經深入到了
批評家們的觀念中；解構批評的一些概念已經
成爲文學批評傳統的一部分；連新歷史主義也
已經打上了解構的烙印。

第三章
理性的命運

　　在後結構主義思想中，中心內容之一是對傳統哲學、傳統文化進行批判。傅柯和德希達是這種批判的代表。傳統文化的根基是一種邏各斯中心主義（理性主義）。這種邏各斯中心主義衍生了西方文化中各種形式的二元對立範疇。傅柯對傳統的批判集中體現在他對現代性的批判，也即他的批判工作主要圍繞啓蒙運動（資本主義產生）以來的西方文化而展開。這一批判明顯地指向現實。德希達的批判則是對整個西方文化中的邏各斯中心主義的批判。這一批判具有更強的學術性。不管怎麼講，傅柯和德希達都旨在批判理性的專斷，並爲一切邊

緣性因素立言，強調具體地分析批判乃是兩個
人的共同特色。這種批判產生了理性與非理性
之間的某種奇特關係，而不是陷入理性批判的
訛詐：要麼相信理性，要麼被非理性吞噬。

一、傅柯與現代性批判

　　毫無疑問的是，傅柯的全部作品都涉及現
代性（Modernity）及其問題，但他很少用現
代性一詞，也從未明確地界定何為現代性，甚
至聲稱自己不知道現代性的含義，既不知道
「現代性在法國是什麼意思」，也不知道「德
國用現代性意指什麼」。這當然不是一個用詞
問題，他指出，「用詞是無所謂的」，「我們
可以任意使用標籤」，「問題是我不懂得這一
用語的問題類別。」其實，傅柯的作品表明，
現代性與自笛卡爾（Descartes）以來（尤其
是自康德以來）的理性主義傳統聯繫在一起。
我們在他的作品中常常看到合理性、理性等概

念。也即，現代性在傅柯那裡主要與兩個重要的思想歷程聯繫在一起：一是啓蒙運動的「理性設計」，一是康德對啓蒙運動的反思。一方面，我們可以把現代性與自笛卡爾以來的理性潮流相等合，另一方面，也應當融入理性的自我反思和自我批判的內容。前者體現了人們的認知意志（The Will to Know），後者體現爲人們對理性的批判意識（Critical Consciousness），看起來，作爲認知意志的理性是與現代性伴隨始終的，也即，現代性與理性的勝利，與神學和迷信的告退是聯繫在一起的。對理性的批判意識則有一個轉折（經由康德的批判哲學而實現），它由理性的他向批判逐漸過渡爲自我批判，即由批判神學信仰的權威轉向對自身權威的限制。

應當說認知意志和批判意識是彼此交織、不可分離的。揭示事物之眞相的認知意志明顯地具有批判的效果，而理性的自我反思或自我批判則更有利於揭示事物之眞相。康德的先驗唯心主義是這兩者的關聯與分化的集中表現，

傅柯寫道：「我認爲康德似乎建立了兩種偉大的批判傳統，當代哲學因此而分化。」一是認知意義上的批判，一是反思意義上的批判。

首先，康德的先驗唯心論代表著追求知識，追求眞理的努力，他提出了「眞實知識之所以可能的條件問題」。自十九世紀以來，這一問題被不斷地提出，使得哲學作爲認知意志、眞理意志的體現而繼續獲得發展。

其次，康德把理性限制在經驗的使用範圍之內，使理性不是作爲超驗的東西，而是作爲與我們的生活處境聯繫在一起的東西，因而意味著對理性的限制與批判。傅柯認爲，由康德的這一批判確立了「從黑格爾經由尼采、馬克思、韋伯，一直到法蘭克福學派的一種反思形式」，而他本人「也是在這一櫃架內工作」。

康德在現代性的進程中當然具有中堅地位，傅柯在《物的秩序》中寫道：「康德的批判標誌著我們的『現代性』的開始。」現代性因此不僅指向理性，而且還指向理性的自我批判。更明確地說，在傅柯那裡，現代性尤其與

理性自十九世紀以來的處境相關聯。

　　現代性意味著理性的全面滲透。在現代社會中，理性滲入了知識、技術、政府管理及藝術諸領域。這意味著，理性有著多種多樣的合理性形式，我們不應當將合理性的某一種形式當作理性自身，不應當追問何為主宰一切領域的唯一合理性形式。傅柯聲稱，他本人致力的是揭示合理性的各種形式及其作為問題的譜系。

　　傅柯尤其探討了各個具體知識部門中的合理性問題。他不再像傳統哲學家那樣追求絕對真理，他的工作是對人的在具體知識部門中追求真理的「認知意志」或「真理意志」進行考古學分析，進而把哲學理解為人們在爭取自由和解放的過程中，用以實現區域性的具體目標的工具。由此，傅柯對現代性的關注就不可能是純思辨的探討，不可能是概念的解釋與演繹，而是一種理論實踐：揭示妨礙自由的方式的真相（具體知識的適用如何妨礙了人的自由），並經由理性反思而提出理智對策。很顯然，知識領域的「認知意志」和「批判意志」

即刻轉化成了「政治意志」（Will to Poli-
tics）和「政治意識」（Political Conscious-
ness）。

　　傅柯事實上十分關心政治合理性問題，他
分析了其間滲透的認知意志和批判意識。現代
政治觀念由「政府理性」（Reason of
State）和「治安理論」（Theory of
Police）構成，政府理性在不同時代有不同內
涵，體現了人們的不同認識，但大體上都被界
定為一種「行政管理的藝術」（Art of Gov-
ernment），也就是說「它是符合某些規則的
技巧」，但「這些規則不是簡單地從屬於習慣
與傳統，而是從屬於知識──理性的知識。」
正是建立在理性的知識的基礎上，現代政府才
具有了合理性的形式。治安理論較政府理論具
體，政府理性代表著人們對政治合理性的總體
認識，而治安理論代表的是人們對如何具體地
維護這種合理性的認識。

　　與政治合理性體現的認知意志相應的是對
政治合理性的批判意識。傅柯指出，啟蒙運動

的任務之一就是擴大理性的政治權力，然而，
「自十九世紀以來，西方思想從未停止過致力
於在政治結構內批判理性的作用（或缺乏理
性）的任務。」也就是說，一些人批判理性擁
有了過度的權力，另一些人則認爲政治運作上
未能充分發揮理性的功能，不過，總的情況是，
「人們懷疑理性在我們社會中是不是變得太強
大了」，「以致於對個體及其自由，對種族及
其生存構成了某些威脅。」這意味著，正像康
德在知識領域內爲理性劃定界線一樣，人們也
要求政治合理性遵循某些限定規則。

　　按照傅柯自己的看法，他的工作是要解決
一個問題，「這個問題探討經驗（如瘋癲、疾
病、違法、性欲、自我認同）、知識（如精神
病學、醫學、犯罪學、性學、心理學）和權力
（如在精神病機構、刑法機構，以及其他涉及
控制個人的機構中行使的權力）之間的關
係。」在他看來，西方文明發展出了最複雜的
知識系統，也發展出了最精緻的權力結構，它
們與人們最根本的、未經秩序化的經驗之間的

關係是什麼呢？實際上，在具體的展開中，這三者的關係轉化爲知識與權力之間的複雜關係。

傅柯認爲，我們不能夠把權力看作是實體，不應當認爲知識就是對經驗的壓制，而應當看到壓制與生產相結合的複雜的權力機制。顯然，在知識領域內就可以發現各種合理性形式的運作，可以看到針對個體的各種複雜的權力關係。把人的瘋癲、疾病諸方面作爲知識的對象，表明了人對自身的關切，表明了認知意志的全面滲透。但是，考慮到由於把瘋子、病人之類作爲理性的「他者」，因而付出了「理論代價」、「制度代價」，甚至「經濟代價」時，對理性的批判意識也就自然地得以表達。在下面的內容中，我們將分別具體地展開傅柯關於「認知意志」和「批判意識」方面的有關看法。

現代性與認知意志

傅柯接受的最大影響來自尼采，但他很少寫文章研究尼采，主要的回報形式是將自己的

《性欲史》第一卷命名爲「認知意志」。他最
受啓發的是尼采1880年左右寫成的作品，這些
作品主要涉及眞理、眞理史、眞理意志之類的
問題。傅柯認爲，在考古學層次上看待人類的
知識，實際上就是要分析這些知識如何反映了
人的認知意志、眞理意志，尼采顯然給予我們
許多有益的啓示。

　　在傅柯看來，自笛卡爾以來的西方哲學總
是面對著知識問題。最初，人們追問知識的本
性、眞理的本性。作爲一個哲學家，他必定會
問：「知識是什麼，眞理是什麼？」反過來
說，即使一個人不承認自己是哲學家，但他關
心知識問題，關心眞理問題，並認爲透過某種
確定的道路可以通達眞理，那麼他也就可以被
列入哲學家行列。自尼采以來，問題開始轉換
了，人們現在不問通達眞理的確定的道路，而
是問：「眞理走過的最碰運氣的歷程是什
麼？」也即，偶然性開始與眞理問題聯繫在一
起。一些批評家常常認爲傅柯的考古學方法是
一種破除一切眞理和客觀性的普遍懷疑的方

法。實際上，傅柯並不懷疑他所運用的知識的
客觀性和有效性，而是要揭示這種客觀性和有
效性的條件。古亭（G. Gutting）指出：「正
確地理解，考古學是一種揭示某學科如何發展
了具有有效性和客觀性規範的技巧，而不是對
任何規範的可能性的懷疑……它被規定為是對
一個學科的認識論主張的仔細研究，而不是拒
絕這些主張的先定的工具。」也即，傅柯的確
不關心某一學科是否是真理的反映，而是看這
些學科如何代表了人們的認知意志和真理意
志。不管把知識和真理看作是確定的、必然的，
還是看作是不確定的、偶然的，人們總是與知
識和真理有著牽連，人們總在發揮自己的認知
意志和真理意志，而現代性恰恰與認知意志的
膨脹相一致。

　　認知意志是與一系列複雜因素聯繫在一起
的，其目標則指向人對自己的認識，傅柯寫道：
「我的問題是自我與自己的關係，並且說出真
相。」傅柯選擇的研究對象總是獨具匠心，分
別指向個體及其相關知識的某一方面，在此不

妨以瘋癲和性欲爲例來說明。

　　文藝復興時期、古典時期、現代時期對於瘋癲有不同的認識。在文藝復興時期，人們將之看作是神祕體驗和道德諷刺的結合；古典時期則只剩下後者，將之看作是非理性；現代時期（十九世紀以來）則從科學的觀點將之看作是精神疾病。傅柯發現，現代精神病學源自於人對自己的病態方面的認知，也就是說，精神病學體現了人的認知意志，並且是其結果。

　　性欲方面的情況也是如此。人們在對待性欲方面存在著一個基本矛盾：一方面讓性欲成爲一種禁忌，另一方面卻不斷地讓人們談論性欲，使性欲說話。人們透過禁忌的方式談論性欲，「實際上，對現代社會來說，最特殊的倒不是性欲被指定必然存在於陰暗之中，而是人們在把它作爲隱祕的同時，沒完沒了地去談論它。」禁忌的結果反而是性欲話語的不斷增生。傅柯認爲，性壓抑實際上出於一種認知意志。性欲是一種手段，透過它權力得以實施，但權力並不想壓制它（至少壓制不是目的），

而是指向眞理。由於關涉性欲的眞理太赤裸
裸，讓人無法接受，人們便不去直接揭示它，
而是以反性錯亂的方式揭示眞相。傅柯感興趣
的正是透過壓抑機制的產生發現眞理。

　　現代性意味著理性的全面滲透，意味著非
理性服從理性，接受理性的規則。但是，傅柯
發現，現代性同時意味著人希望對自己有全面
的瞭解，正因爲此人們才會對瘋癲、性欲之類
的經驗感興趣。認知意志把瘋癲、性欲之類作
爲人的某一方面加以認知，藉以透視人的眞
理。傅柯道出了他的全部著作的旨意，「病態
主體的眞理如何能夠被講述？這是我前兩本書
（《瘋癲與文明》和《診所的誕生》）的實質
……我在犯罪的例子中和懲罰系統內繼續提出
同樣的問題：就一個人可能是犯罪主體而言，
如何陳述他的眞理？我對性欲做同樣的工作，
只是追溯得更遠：就其作爲享樂的主體而言，
主體如何眞實地談論自己？」壓制、規訓不是
目的，而是指向人自身眞相的揭示。

　　認知意志尤其在科學的膨脹中體現出來。

科學本來只是「真理之內的限定物」，但它「現在變得如此普遍化以致成為所有文明的一般規則。」傅柯並不對這一普遍認定的事實感興趣，他關心的是科學所代表的真理意志，他要問的是：「這一真理意志的歷史是什麼？」他與科學史家、思想史家不一樣，他不是客觀地陳述研究對象的歷史和內容，而是探究某一具體知識類別、某一具體科學觀念是如何體現人的認知意志的。

　　傅柯發現，科學理性儘管越來越膨脹，但不是所有的知識都呈現為科學的形式，不存在李歐塔（Lyotard）所謂的科學知識對敘事知識的顛覆。傅柯通常把科學看作是推理實踐（Discursive Practice）的一個領域，它要求知識服從一定的形式規則和命題構造規則。科學顯然只是知識的一部分。他通常用Savoir意指一般知識，而用Connaissance意指一組特殊的知識、某一個別學科，不嚴格地說，用它意指科學知識。在《知識考古學》中，傅柯解釋說：Savoir意指「由推理性實踐有規則地構

成的，科學不可缺少的，但並非一定產生科學
的一組要素。」而Connaissance要複雜一些，
既要服從Savoir的有關規則，又要符合形式方
面的規則。這樣，他的研究不可能只限於科學
領域，「考古學只涉及科學嗎？它始終是對科
學話語的分析嗎？——在每種情況下答案都是
否定的。考古學力圖描述的不是科學的特殊結
構，而是知識的不同領域。」傅柯由於關心人
的命運，由於關注啓蒙理性，他較少分析自然
科學，而是集中探討人文科學中體現的人的認
知意志。嚴格地講，人文科學是「非科學的」，
考古學分析恰恰指向這種非科學的Savoir。

　　傅柯不是要從總體上把握人文科學，「我
從來沒有打算研究人文科學的一般歷史，或者
打算對科學一般的可能性作批評。」現代人文
科學主要有三個領域，分別相應於人文科學與
生物學、經濟學和語文學（Philology）的關
係。也即，三門實證的經驗科學構成了人文科
學的方法論模式和基礎。從表面上看，這些學
科談論的是說話的人、生活的人、生產的人，

而實際上關心的只是語言、生命和勞動，顯然沒有「人文」含義可言，「人被勞動、生命和語言主宰，他在這些方面發現其具體存在的限定……他是一種有生命之物，是生產的一種工具，是先他而存在的語言的載體。」也就是說，人力圖借助相關經驗科學來認識自己，卻發現自己是有限的。總之，人的有限性在實證知識中得以揭示，「我們知道人是有限的，因爲我們知道大腦的解剖結構、生產消費的技巧和印歐語言的同源系統。」

康德哲學無疑是這種知識狀況在哲學上的反映。傅柯之所以重視十八世紀末至十九世紀初這一時期，並把它看作是現代性的眞正來臨，恰恰因爲康德集中表達了人對自己的認知意志，證明了人的有限性。康德從眞、善、美各個角度看待人，提出了批判哲學的三個問題，「人所能知者爲何？」「人所應爲者爲何？」「人所能期望者爲何？」歸而言之，「人是什麼？」這三個問題的回答都表明：人是有限的。康德對問題的回答意味著讓人從超

越的領域回歸到經驗的、實證的領域，意味著
以人的有限性為一切知識之基礎。也就是說，
人的有限性使得認識受到局限，而「認識的局
限為認識的可能性提供了積極的基礎。」

　　現代性實際上意味著人對自己的有限性的
認識。從前，人們設定一個上帝，事實上是虛
幻地渴望自己全知、全能，成為一個無限物。
現在，人不再自卑於自己的有限，而且以自己
的有限取代了上帝的位置。這樣，有限性成為
現代性的一個標誌，「當有限性在與自己的永
無止境的關聯中被設定時，我們的文化就跨入
了我們認識到自己的現代性的門檻。」人的認
知意志追求對自身的認識，要麼發現自己的反
常方面（瘋癲、疾病、性錯亂、犯罪），要麼
發現自己的有限存在（有生命之物、生產的工
具、語言的載體），這就是傅柯在自己的認知
意志驅動下，透過對主體的自我認識，進行考
古學分析而發現的現代性的真相，這說明理性
並非至高無上。

現代性與批判意識

揭示眞相是爲了更好地批判。事實上，傅柯的全部作品都致力於對現代性進行批判。在早期作品中，受傳統的理性批判觀的影響，他差不多把現代性等同於唯一合理性形成對非理性的壓制。他後來回顧說，《物的秩序》是過渡時期的作品，在該書中仍然採用了《瘋癲與文明》、《診所的誕生》中的批判立場，「直到那時，我似乎仍然接受把權力本質上看作一種司法機制的傳統觀念：它制定律令，它禁止，它拒絕，並且具有一系列否定的效果：排斥、拒絕、否定、阻止、掩飾等等。」即傅柯認爲理性對非理性採取的是絕對排斥的方針。

在《瘋癲與文明》中，傅柯的考古學分析尤其揭露了理性的專制。從表面上看，瘋人院是對瘋癲進行科學研究和治病的地方，醫生也的確在對病人進行觀察和治病，然而，他顯然更多地依據某種道德評判：瘋子因其非理性而與資本階級社會的理性秩序格格不入，醫生的介入是爲了治癒他們，以便回到這一秩序中

去。這樣，關鍵問題不在於醫生的醫學知識，而在於他自己的道德品格，知識只不過是他用資產階級價值來對瘋子們進行道德主宰的工具和僞裝，「醫生在瘋人院中擁有權威並非因爲他是一個科學家，而是因爲他只是一個具有智慧的人。如果瘋人院需要醫學知識，也並非從科學的名義出發，而是把它當作司法和道德上的保證而已。」

　　傅柯把精神病學看作是假借科學理性的名義對非理性進行道德壓制，無疑揭了它的老底，暴露了它的「不光彩的歷史」。傅柯因此被公認爲是一個反精神病學的人，受到青年學生的擁護，受到精神病學家的指責。他的看法對精神分析學也是一個衝擊。通常認爲，精神分析學由於揭示了性壓抑及其解脫方式，因而具有解放意義。傅柯卻認爲，情況並非完全如此。從表面上看，病人被允許說話，非理性有了自己的聲音。但實際情況是，並不存在非理性與理性的對話，精神分析醫生仍然是權威，他根本沒有聽進病人之所說。傅柯因此認爲，

精神分析對待病人的方式仍然只是理性的獨
白。

　按照傅柯的看法，啓蒙運動是以理性爲旗
幟而針對宗教神學的一場反叛運動，一場爭取
自由和解放的運動，但是，理性一旦自己占據
了主導地位，它就開始排斥和壓制異己了。然
而理性畢竟只是人類歷史上的一個構造，它是
偶然地占據中心地位的，它沒有絕對的權威，
應當把那些非理性的東西從它的壓制下解放出
來。這樣，傅柯在早期思想上實際上陷入了他
後來所說的「理性批判的訛詐」之中：你要麼
接受合理性，要麼就成爲非理性的犧牲品。也
即，理性彷彿只有一種合理性形式，批判理性
就意味著倒向非理性一邊。基於對抗理性的立
場，傅柯站在了非理性一邊。從這個意義上說，
哈伯瑪斯（Habermas）指責他全盤否定現代
性是有根據的。

　傅柯的早期批判立場源自一種反現代性的
現代性傳統。說他是反現代性的，因爲他認爲
理性已經走得太遠了，要求給非理性以地盤，

說他是現代性的，因爲它的批判和反抗策略仍然圍於現代性的二元對立的「主宰──反抗」模式之中，因而中了合法性的圈套。後來，傳柯認識到，理性與非理性的關係不能簡單地歸結爲一種壓制性的權力關係，而應當是壓制與生產的結合，表現爲權力實施和知識生產的一系列複雜關係。他同時也發現，一般地批判理性是無用的：不應該對權力關係提出是否合理的疑問，而應該問它是如何合理化的。這種立場的改變受到法蘭克福學派的啓發。

　　法蘭克福學派以其「批判的社會理論」著稱，誕生於三〇年代，活躍於四〇年代和五〇年代。傳柯感到十分奇怪並不無遺憾的是，當時法國學界根本沒有注意到這一學派，其先驅者馬克斯・韋伯（M・Weber）的思想也很少有人瞭解。他後來指出：「很顯然，如果我當時就熟悉法蘭克福學派，如果我當時就懂得它，我就不會談那麼多愚蠢的東西，我會避開我在尋找自己的道路時走過的彎路（而法蘭克福學派已經開闢了大道）。」這說明他承認法

蘭克福學派的「批判理論」比自己早期的批判觀更有道理。他因此在其後期思想中接受了該派的一些觀點，最重要的一點就是承認理性是分化的，不應當糾纏於唯一合理性，「自馬克斯・韋伯以來，在法蘭克福學派那裡，問題在於把描述爲主宰者、被賦予唯一理性地位的合理性形式分離出來，以證明它只總是可能的理性形式之一。」這樣，我們就走出了「主宰——反抗」簡單的批判模式。

　　傅柯認爲，我們應該把現代性看作是一個複雜的問題，並對之加以系譜學的分析，以我們應當追踪的不是現代性觀念，而是現代性作爲問題的系譜。實際上是對啓蒙的理性設計進行反思，不是習慣性地接受「啓蒙把自己命名爲啓蒙」這一事實，而是像康德一樣追問：「何爲啓蒙（Was ist Aufklärung）？」康德不是爲了理論興趣而探討啓蒙問題，而是爲了提出一種「現在本體論」（The Ontology of Present）。「現在」實際上是一個過程，是思想、知識、哲學和思維主體的作用的具體論。

康德的「現在」與理性共命運，他要問「現在」的過去是什麼，它現在如何，它將來會怎麼樣。當傅柯重新提出「何爲啓蒙？」這一問題時，他應當反思自己的角色，反思自己的時代處境，「我的現在是什麼？這一現在的含義如何？當我談論這一現在時，我正在做什麼？在我看來，這就是對現代性進行新的質疑的意味。」傅柯認爲啓蒙的含義不僅僅在於它被看作是一種進步，而且在於它具有一種符號價值，它代表了現代性。也就是說，「啓蒙旣是一個開啓了歐洲現代性的單獨事件」，「又被確定爲理性歷史上的永久進程」，是事件和符號的統一，是歷史事件和活生生的現在的統一。然而，經由理性的反思，我們也看到了理性的分化，啓蒙旣樹立了理性的權威，又讓它在與具體時代的結合中展開自我批判。

　　在傅柯看來，我們旣不應當簡單地認爲理性代表著進步，也不應當認爲理性的果斷使我們生活在一個墮落的時代。法蘭克福學派不承認理性轉向了非理性，它認爲理性只是產生了

分化，也即工具理性從理性母胎中分化出來，並成了主宰性的意識形態。工具理性使我們異化了，但是，我們完全可以克服之，並恢復啓蒙理性所具有的自由和解放的本性。傅柯指出，就其承認理性的分化，而不是簡單地樹立理性與非理性的對立而言，法蘭克福學派是有價值的。問題在於，它只承認理性的一次分化。這就有問題了，因爲理性不可能只分化一次，而是會不斷地、多樣地分化。正是由於這種性質的分化，才使我們無法確定一個歷史時期，理性在其間已經成熟，已經自律，不再需要監護，我們也無法確定一個時期，理性在其間由於工具化而墮落了。我們追問啓蒙，實際上是要追問合理性不斷分化的歷程，並否定一個奠基行爲（Founding Act）可以確定理性的成熟或墮落。

傅柯把理性看作是「自己創造的」，它因此不會停留在一種合理性形式之中。於是，我們應當「分析合理性的各種形式：各種合理性在不同的基礎，不同的創造，不同的修正中彼

此產生、彼此對立和彼此糾纏。」人們嘗試著
把各種不同的合理性形式運用於自身，而不會
讓一種合理性形式主宰自己的命運。這樣，我
們對理性就無法從整體上予以否定，按傅柯的
說法就是：「對理性進行審判既無從談起，也
沒有任何效果。」他提出了三條理由：

1.這一領域與罪或無罪毫無關係。

2.把理性看作是非理性的對立實體是毫無
意義的。

3.這種審判將使我們落入陷阱，扮演果斷
而討厭的角色：要麼是理性主義者，要麼是非
理性主義者。

這表明，傅柯放棄了早期帶有的那種「理
性批判的訛詐」的傾向。承認理性的發展，以
及我們的選擇都帶有偶然性。

傅柯的批判意識遵循著底下這一思路——

首先，不把合理性看作一個整體，而是分
析合理性在各個領域內的進程，比如瘋癲、疾
病、死亡、犯罪、性欲等等是如何被納入合理
性秩序的。

其次，對合理性這一概念保持警惕，當人
們力圖讓某物合理化時，我們不應當去考察它
是否符合合理性原則，而是看看人們利用了哪
一種合理性形式。同時應當看到，在讓它合理
性時，一系列複雜因素都被包攝了，也因此體
現爲一系列合理性形式的交叉運作。

第三，啓蒙運動對我們的現代性具有決定
性作用，但是，要理解我們爲何處在目前狀況
中，還應當追尋更遙遠的進程。第一、第二兩
點表明，傅柯力求在每一具體知識領域內尋找
合理性的進程，區別性地對待不同形式的合理
性。這樣，由於認識到了理性對待不同異己的
不同策略，也就可以採取各個擊破的方針予以
反應，從而獲得具體的自由。第三點表明，理
性有自己的歷史，啓蒙是一個過程，現代性處
於進展之中。只有在發展中才可以發現我們的
現在是由於理性的不斷分化造成的，而且這種
分化將不斷地延續下去，鬥爭策略也因此必須
不斷地改變。

由於批判策略的改變，傅柯對知識分子的

「革命」作用產生了新的看法。他提出了「普
遍」知識分子 (Universal Intellectual) 和
「特殊」知識分子 (Specific Intellectual)
之區分。前者以眞理、正義和普遍性的代言人
自居，把自己看作是社會的意識或良心。正像
無產階級是普遍性的無意識載體一樣，知識分
子因其道義、理論、政治選擇而成爲這種普遍
性的有意識的載體。他們爲人們描述美好社會
的藍圖，爲人們提供總體的鬥爭策略，並監護
人們去實施。傅柯認爲，「這種情況已經改變
了，知識分子要求扮演如此角色的時間已經過
去不少年頭了，（理論與實踐相結合的）一種
新模式已經建立。」

　　知識分子仍然從事理論活動，但是由於在
特殊部門工作，由於具體的工作條件和生活條
件，知識分子面對的是特殊的而非普遍的問
題，產生的是更具體的鬥爭意識。過去的知識
分子大多是作家，他們與服務於政府部門的文
職官員、教師、工程師是對立的。現在的情況
不同了，作家已經消失，而文職官員、教師、

工程師、社會工作者在自己的領域內（或透過相互交流，相互支持）就可以參與到知識分子政治化的進程中去。社會不再依靠幾顆良心，而是需要各個領域的專家廣泛介入，以便在各個領域內向合理性提出質疑。

傅柯認同特殊知識分子。他自己廣泛地探討了各個領域的理性面臨的問題，但從不以導師自居，他說，他們在大多數分析中，沒有告訴人們應當成為什麼，應當做什麼，應當相信和思考什麼，它們要做的只不過是闡明直到目前為止的社會機制是如何運轉的，壓制和限制的各種形式是如何展開的；然而，在他看來，應當讓人民自己去做決定：「根據這些分析去選擇自己的生存。」顯然，特殊知識分子在自己的認知意志支配下，認識到了某些專門領域內合理性或現代性的真相，人們根據他的分析，可以產生自己對現代性的認識，進而形成自己的評判，並因此決定認同還是反叛某種合理性，採取這種還是那種反叛策略。

由如上分析，我們有如下結論：

1.傅柯的目標是人類的自由和解放，理論靈感來自他對現代性的反思。他旨在分析、說明人類爲了自由和解放而啓用的啓蒙理性、科學觀念如何限制了人類的自由和解放，這顯然揭示了理性的異化。但他否認理性在整體上墮落了，他要說明各個具體知識部門的運用如何限制了人類的自由和解放，並爲克服這些限制提供理智對策的選擇。在這整個分析過程中，傅柯的批判性評價看起來是中心，實際上，認知的工作，也即發現事物之眞相的工作也許更爲重要。傅柯以自己的認知意志發現了人們把各種合理性形式運用到自身的眞相和祕密，藉此才有具體的批判矛頭，而不是空幻地對現代性進行總體批判。傅柯因這種立場而被看作是一個「後革命」人物。

2.傅柯的理性批判受到康德的啓發，但具有明顯的差異。康德要限制理性的超越的使用，他認爲理性只應該有經驗的使用，只有當理性的合法使用在原則上被明確界定時，自由才有保證。傅柯則認爲，理性在歷史上的地位

是偶然的，不管是超驗的還是經驗的使用，其合法性都不能獲得明確的界定。況且，康德所謂的理性在經驗之內的合法使用，限制了偶然性，排斥了諸如瘋癲之類的異己，使得自由無從得到保障。康德明顯關心數學、物理學之類的「客觀的科學知識」，要發現它們的先驗結構；傅柯主要關心人文科學各學科，揭示它們如何面對著合理化的壓力，以及這些學科如何限制了人的自由。康德讓一切學科都建立在符合理性要求的基礎上，傅柯則認為這一要求是對人們的自由的限制。

3.傅柯實際上並不反對理性，並不反對合理性，沒有必要在理性與非理性之間做出非此即彼的選擇，他也因此並不完全否定現代性。他要向人們揭示的是，在合理化的進程中，在對待與非理性的關係中，理性自己付出了沉重的代價。傅柯不像法蘭克福學派那樣只承認理性的一次分化，並抓住工具理性不放。他認為理性一直在分化，理性對待非理性的策略也因此在不斷變化。理性與非理性之間的關係是十

分複雜的，不應當簡單地宣稱理性壓制非理
性，而應當把兩者放在一個複雜的關係網中。
於是，我們發現，非理性既是權力實施的對象，
又是權力得以實施的手段，而且在這種權力關
係中，知識得以產生，真相得以揭示。

　　4.傅柯思想是異常複雜而多變的，這源自
他對馬克思主義，包括正統理論和批判理論、
現象學──存在主義、佛洛依德主義、結構主
義、尼采的意志主義、法國科學史的科學哲學
傳統的矛盾立場。爲了揭示現代性的眞相，他
靈活地運用各種理智工具，他常常針對某一具
體知識部門作出多樣的、包容性的評判。讀傅
柯的作品（尤其是談話錄和後期作品），使人
明顯地感到他在窮盡一切可能性，揭示事物多
方面的眞相，並提供盡可能多樣的理智對策。
讀者於是面臨著各種矛盾的選擇，而傅柯自己
則不免陷入尷尬的境地：

　　他批評現代性，但拒絕從總體上批判，於
是，一些人認爲他是資本主義的批判者，另一
些人則認爲他是資本主義的辯護者。

　　他致力於清理現代性作為問題的系譜，反對以主宰——反抗模式對待合理性，他因此在一定程度上承認現代性，但哈伯瑪斯這個現代性的維護者卻稱傅柯全盤否定現代性。

　　一些人因他的批判鋒芒稱他是激進的後現代主義者，另一些人則因其在理性自我批判的方式發展啟蒙理想而稱他是新保守主義者。

　　這些或許構成的是一幅後現代主義者傅柯的形象。

二、德希達與邏各斯中心論批判

　　德希達差不多成了後結構主義的象徵。他的突出之處就在於不斷地消解和超越結構主義，透過訴諸索緒爾語言理論的最激進含義而消解文本結構。實際上，他消解文本結構的工作主要體現在對文本中所包含的邏各斯中心論的批判。

　　德希達用邏各斯中心論來概指某種理性主

義形式。這一形式假定語言和文本背後存在著某種「在場」(Presence)。也就是說，存在著某種觀念，某個意圖，某一眞理，某種意義或某種指涉(Reference)，而語言和文本只不過是其有用的、方便的表達工具而已。德希達認為，作為「在場的形而上學」(Metophysics of Presence)之標誌的邏各斯中心論或理性主義乃是西方思想的基礎。

　　早在古希臘自然哲學家、辯證法者赫拉克里特 (Heracleitus) 那裡，就已經提出了邏各斯 (Logos) 這一概念。他認為在萬事萬物中存在著永恆的邏各斯，正是邏各斯使變化萬千的萬物維持統一。他認為，自然喜歡掩飾自己，喜歡躲藏起來，因此人們無法憑感官去認知它，而只能依靠智慧，唯有思想和智慧才能「說出眞理，並且按自然行事，聽自然的話」，所謂「思想」和「智慧」即理性認識，而他也將這種理性認識看作邏各斯。這樣，邏各斯有兩種含義，一方面是自然界深藏的不變規律，一方面是用以探尋這一規律的理性認識。

在赫拉克里特那裡，邏各斯的含義是有些含混的。但有一點很明確，用正確的認識方式認知了自然的法則，人就有了主心骨，也就萬事順暢。實際上，在古希臘用法中，邏各斯的更根本的含義是「言說」，其詞源為Legein（說）。Legein的含義十分廣泛，主要有談論、說明、思想、理性、公理等，後面的含義逐漸掩埋了「言說」這一基本含義。海德格在對西方傳統存在觀進行批判時，也把矛頭直指「邏各斯中心論」。他認為西方傳統哲學在邏輯學（Logic）水平上理解邏各斯，而這種理解實際上是一種掩飾，它把邏各斯完全當作一些邏輯範疇，將之翻譯成理性、判斷、概念、定義、根據、關係等。那麼，海德格所理解的邏各斯的本真含義是什麼呢？言談（Rede）。作為言談它把言談所及的東西公布出來，讓人們明白這些東西，「邏各斯的功能就是把某種東西展示出來讓人看。」海德格堅持認為，西方邏輯主義傳統沒有看到這一根本含義，因而曲解了邏各斯意義之整體。

　　德希達贊同海德格的看法，即言談為邏各
斯的根本含義，其他意義都只是衍生形式。德
希達認為：整個西方傳統哲學都賦予邏各斯以
優先地位，因為它認定言談比書寫更接近內心
經驗，更接近實在，是當下在場的。這樣，邏
各斯的優先地位導致一種邏各斯中心論，一種
在場的形而上學：「說話的我優先在場，我思
故我在；現在在時間三維中具有優先性，過去
是逝去了的現在，將來最終會成為現在，當下
的思考將過去與未來聯結起來；意義是可以明
確地呈現的，是可以透過對話加以證明的。」
總之，由於言談的優先性使得自我、真理、理
性、規則都得以證明，都必須證明。而其他東
西只不過是邊緣性的東西，是次要的東西，屬
於隱喻、書寫範疇。

　　我們可以透過邏各斯與書寫、邏各斯與隱
喻、邏各斯與邊緣的複雜關係來看看德希達是
如何展開其批判的。

邏各斯與書寫問題

　　我們在前一章中講到結構主義接受了索緒

爾的語言學思想的影響，也講到後結構主義是
語言學模式的極端化。德希達的後結構主義之
所以批判結構主義，是基於這樣一種認識：索
緒爾的語言學和它影響下的結構主義由於強調
差異性原則，已經開始動搖西方思想中的邏各
斯中心論傳統，但是，由於它們主張聲音優於
書寫，卻使自己繼續陷入在邏各斯中心論的羅
網中，變成爲邏各斯中心論的最後堡壘。德希
達透過訴諸書寫的修辭的（Rhetorical）、轉
喻的（Troping）的特徵而動搖這最後的堡
壘。

　　按德希達的看法，邏各斯中心論有三個高
峰期，一是柏拉圖主義（Platonism）時期，二
是盧梭主義（Rousseauism）時期，三是結構
主義時期。柏拉圖、盧梭（或笛卡爾）、李維
斯陀（或索緒爾）等人的共同看法是：聲音是
第一位的，書寫是第二位的，聲音是一級能指
（符表），書寫是二級能指（符表），聲音優先於
書寫，書寫只是衍生物。這樣，在邏各斯中心
論傳統中，書寫只是某種邊緣性因素，長期受

到排斥和壓制。德希達力圖讓書寫從邏各斯（聲音）的重壓下擺脫出來，偏離出來，並獲得自己的地位。

　　德希達的早期作品主要關注的就是邏各斯與書寫的關係問題，諸如《論書寫學》、《書寫與差異》、《播撒》、《哲學的邊緣》等書，都以「書寫問題」為基本主題。對柏拉圖、盧梭和索緒爾的閱讀都是從書寫問題開刀。解決了書寫問題，對西方形而上學的解構也就宣告完成。在此，我們首先應當明確邏各斯和書寫各自的含義。我們前面說過，邏各斯意指言談，意指說出的話語。由於言談或聲音更接近內心經驗而優先在場，所以它被賦予以優先地位。我們再來看看何為書寫。

　　德希達指出，人們從前在「寫作」中對「書寫」有過描述，大體上是持貶抑立場。例如柏拉圖「寫」就許多著作來責難「書寫」，盧梭「寫」了大量著作都對「寫」不屑一顧，這本身是一個矛盾。其間也有一些人〔如德國唯理論哲學家萊布尼茲（Lebniz）〕有過建構實證的書寫學（文

字學)的努力,但最終未能實現。德希達認為,
從總體上看,西方哲學根據二元對立原則來看
待世界:心靈與肉體、善與惡、男性與女性、
在場與不在場等等。每一種二元對立都是等級
制的,前者高於後者,好於後者;優先的一方
屬於邏各斯,次要的一方屬於書寫。在這種區
分中,書寫實際上意指一切衍生的、邊緣性的
因素。德希達因此認為,邏各斯中心論實為聲
音中心論(Phonocentrism)。聲音模寫實在,書
寫模寫聲音,書寫因此是模仿的模仿。

　　邏各斯中心論之所以要壓制書寫,是因為
它認為書寫是外在的、死的,並且總是想讓內
在的、活的聲音死去。在整個西方思想傳統中,
書寫都被看作是一種喜歡暴力的外來力量,一
種死亡力量。德希達認為,結構主義的著名人
物李維斯陀典型地繼承了邏各斯中心論傳統,
「不管是從語言學、形而上學,還是從作為人
學 (The Science of Man) 的模式的角度
看」,李氏的思想「都是聲音中心主義的,確
定無疑地排斥和貶低書寫」。德希達指出,李

維斯陀是當代的盧梭。他在《論書寫學》中解構地閱讀盧梭的作品，但先行探討了李維斯陀的思想及其盧梭主義淵源。德希達發現，李維斯陀和盧梭兩個人都責難「書寫（文字）的暴力」（Voilence of the Letter），認為書寫破壞了自然狀態的和諧氛圍。盧梭認為，聲音在自然狀態中處於權威地位，人與人之間透過聲音而交往並和諧相處，彼此間沒有任何遮掩和障礙。書寫的產生破壞了自然的和諧，造成了等級制和罪惡。李維斯陀差不多照搬盧梭的觀點，他指出：原始部落不知道盧梭為何物，彼此以聲音為交往媒介，並和諧相處，西方人引進書寫，破壞了這種和諧，他們以書寫壓迫土著居民，而部落首領或其他掌握了書寫的人，也開始以書寫作為統治和剝削的工具。顯然，處於從屬或衍生地位的書寫不甘心處於卑微地位，透過搞暴力顛覆活動而瓦解了內在的寧靜與和諧。

　　結構語言學家索緒爾也十分明確地將書寫與外在暴力聯繫在一起。在他看來，音響形象

（Sound　Image）是第一位的；聲音與書寫
的本來關係是：某些音節被拼寫成了一個詞。
但是，人們常常把聲音的書寫形式當作音響形
象本身，以致於把關係顛倒為某一單詞如何發
音。索緒爾這樣寫道：「口頭語是如此緊密地
與其書寫形象捆綁在一起，以致後者設法去篡
奪主宰地位。」索緒爾告誡人們，不要因為書
寫是聲音的模仿，就把書寫當作了聲音本身。
人們在學會書寫之前就已經學會了說話，這才
是自然的關係。由於文學的發展，書面語的地
位越來越高，人們越來越易於忘掉口頭語，索
緒爾這樣寫道：「語言的確有某種獨立於書寫
的確定的、穩定的口語傳統，但書寫形式的影
響使我們看不到這一點。」索緒爾在其語言學
研究中是盡可能地依據口頭語，而不是書面
語，甚至極端地認為只有甩掉文字才能靠攏真
理。總之，按他的意思，「如果書寫只不過是
語言的比喻，人們就有權利將其排斥在體系內
部之外，就像排除了想像並不會損害實在的體
系一樣。」也即，按照索緒爾的看法（以及西

方思想史上的一般看法），書寫是無關於語言內部體系的，因此存在著內在／外在，實在／想像，在場／表述等二元對立，爲了保存內部系統，應當排斥只具有外在性、想像性和表述性的書寫。

　　問題的關鍵在於，傳統哲學（文學、語言學）並沒有把書寫拋在一邊，而是一直不斷地利用書寫，利用一種對它既有用又有威脅的工具，德希達描述說：「書寫，儘管與其內部體系不相干，卻不斷被用來表達語言，我們不能簡單地拋棄它，我們應當熟知其有用性、其缺點和危險。」傳統語言科學發現已書寫的這種二重性，它力圖恢復聲音與書寫的自然等級關係，即內在與外在的關係，以便使歷史發展導致的書寫對聲音的侵犯得以遏止。然而，事實上「暴力」卻在不斷增強。人們由於有了可依賴的書寫「備忘錄」，就很容易忘記口頭語，也不再去記憶。人們最初是知道書寫的危害性卻引狼入室，後來是習以爲常，把書面語當作是自己的依託。在柏拉圖、盧梭、索緒爾等人

眼裡，言語（聲音）是父親，文字（書寫）是
兒子，但兒子卻大膽妄為，這豈不是一種弒父
行為，一種叛逆行為？

　　德希達透過細讀柏拉圖、盧梭、索緒爾、
李維斯陀等人的著作，來尋找自己的解決方
案。他認為，存在著兩種書寫形式。西方人通
常熟悉的是拼音書寫（Phonetic Wrting）。
這種書寫的確是對聲音的模仿，因此符合傳統
的二元對立模式。德希達指出，如果僅僅停留
於此，就否認了其他書寫形式的意義，否認了
拼音書寫出現之前也存在著書寫。事實上，在
此之前已經有書寫存在，這就是所謂的原書寫
（Archi-Writing）。原書寫不是指某種具體
的書寫形式，不是一種絕對優先的書寫，它實
際上與分延（Differance）、痕跡（Trace）
同義，表示的是「差異的展開」。原書寫即分
延、即痕跡，即差異的展開，而聲音與書寫（拼
音書寫）的對立乃是原書寫內部的對立，是原
書寫的具體化。

　　德希達用原書寫這一概念來修正現有的書

寫概念，認為只有前者才能夠代表全部書寫。
由於原書寫概念的提出，聲音與書寫之間的絕
對對立和衍生關係消解了。因為它們都是原書
寫的展開，都是對原書寫的模寫。按照德希達
的理解，聲音中的音色（Timbre）、音程（In
-terval）之類的因素都具有書寫的意義，這些
因素破壞了聲音的「純潔」，使其不再是鐵板
一塊。原書寫概念表明，書寫並非一定源自聲
音，兩者間的關係是複雜的、非線性的。在德
希達看來，聲音與書寫只不過是同一語言內的
兩種不同媒介，是語言的不同方面。於是，當
德希達對邏各斯中心論進行批判時，他並沒有
抬高書寫，而是讓聲音與書寫各得其所，於是，
在人們面前出現一幅新的視野，在這一視野
內，「如果聲音實體喪失了優勢，並不是為了
書寫實體的興起，後者同樣處於替換之鏈中。」

　　這樣，儘管德希達以原書寫概念來消解邏
各斯與書寫的關係，但消解的目標和結果不是
要扶植書寫，不是讓書寫屬於優勢地位，相反，
它揭示了聲音與書寫關係的源初展開。原書寫

作為「痕跡」是不在場的，它屬於聲音和書寫之中。聲音屬於原書寫，正像狹義的書寫屬於原書寫一樣。聲音和書寫都在差異的展開中產生。德希達寫道：「原書寫，首先是口頭語的可能性，然後是狹義的書寫的可能性。」實際上，由於原書寫而產生了聲音和書寫兩種表達形式，並因此產生了最初的對立，一切形而上學的二元對立都在此基礎上產生。這表明了二元對立的產生是一個過程，有其歷史發展。正是由於忘卻了二元對立最初是如何產生的，人們才產生了對書寫本來地位的誤解。

總之，追尋書寫被壓抑的歷史，德希達發現了形而上學的二元對立的思維方式，以及二元對立之中前者對後者的壓制是如何產生的。由於引進差異和分延概念，這種對立瓦解了，或者說，我們在一種新視野中看待這種對立，聲音和書寫既然屬於同一語言的兩個方面，我們就沒有必要確定其等級差異，沒有必要確定孰優孰劣，孰先孰後。我們只需把聲音和書寫同等地看作能指（符表），進而玩弄能指（符

表）遊戲。

邏各斯與隱喻問題

　　邏各斯、聲音、理性為一方，神話、書寫、隱喻為另一方。前者具有優先性，後者只是補充性的工具，兩者間甚至是對立的。解決邏各斯中心論、聲音中心論問題，不可避免地引出隱喻問題。在具體解構閱讀中，德希達透過訴諸隱喻來動搖邏各斯的中心地位。

　　一般認為，哲學出自於哲學家的精心思考，它反映的要麼是客觀事物的運動規律，要麼是概念自身的演變規律。哲學是完全理性的，是清楚明白的，是透過某種「善良意志」可以最終為人們所普遍理解的東西。這就要求，哲學文本不應當包容隱喻，即使其間存在著隱喻，也只能是偶然的現象。就像柏拉圖作品中不時出現一些神話，但它們只是一個引子，一支梯子，它們有助於我們深入中心話題，但無損於完整的理性形象，哲學是真理的化身，而真理是無遮蔽的，隱喻因此與哲學格格不入，是通向真理進程中的彎路。

　　在歷史上，許多思想家都探討過隱喻問題，然而都把它歸入到文學和詩歌範疇中。文學是充滿隱喻的，詩歌是充滿隱喻的。探討隱喻的學問，屬於修辭學或詩學。柏拉圖是理性主義的開山祖，他的「理想國」以哲學家為主，以邏各斯和智慧治國。詩人和文學家因「感情用事」和「亂用隱喻」被驅逐出去。理想的國度應當遵循理性規則，豈能憑想像力治理。從柏拉圖到黑格爾，理性主義傳統一直在抗拒隱喻的侵蝕。

　　自從理性主義的集大成者黑格爾去世以來，各種反（非）理性主義學派的興起，使隱喻在哲學中開始具有了某種地位。尤其是尼采，由於其格言式的、詩意的寫作風格，其文本處處充滿隱喻，充滿暗示，其哲學因此詩化了。人們無法對隱喻置之不理了，而是開始認真對待它，把它看作是文本的文本性的一個方面。解構的策略實際上正是對這種態度的某種響應。美國著名的文學理論家史碧娃克（Gayatri Spivak）女士寫道：「解構批評應當嚴肅地對

待隱喻,它不指向眞理,而是指向文本的文本性。」德希達把傳統理性主義所忽視的隱喻問題,用作突破文本封閉性的突破口。

德希達在《白色神話學:哲學文本中的隱喻》(*White Mythology: Metaphor in the Text of Philosophy*)中,詳細地從理性上探討了隱喻在哲學中的地位,在〈柏拉圖的藥店〉(*Plato's Pharmacy*)中則以隱喻爲媒介對柏拉圖文本進行了具體解構。我們主要根據《白色神話學》來分析邏各斯與隱喻的關係。

按德希達的意思,《白色神話學》提出的問題是:「哲學文本中有隱喻嗎?以什麼形式出現,在什麼程度上表現出來?它是偶然的、還是必然的?」他認爲,隱喻並非哲學中可有可無的東西,因爲根本不存在任何不包含隱喻意義的字面意義(Literal Meaning)。哲學作品同文學作品一樣,都依賴於隱喻,都只是虛構而成的。柏拉圖、亞里斯多德都系統地探討過隱喻問題,但他們都把字面義作爲基礎,把隱喻義看作是衍生的。德希達認爲,他們的看法

是沒有根據的，哲學文本中實際上充斥著隱
喻，而且，隱喻義不僅不是字面義的衍生形成，
相反地，字面義只不過是隱喻義的特例。隱喻
不是偶然地出現在哲學文本中的，沒有隱喻，
就沒有哲學文本。傳統哲學總是有意或無意地
使用隱喻，用以幫助闡明自己的觀點和立場。

　　柏拉圖的日喻（Heliotrope）是西方哲學
史或理性主義傳統中的最大隱喻。柏拉圖認
為，哲學家是追求真理、追求智慧的人，這就
要求他擁有對美德和價值的真正辨別能力。這
不是說日常生活中的美德和價值，而是指絕對
的美德和價值，即關於美德和價值的理念，最
終的保障則是善的理念。善理念不僅是其他理
念的源泉，也是感性存在物的源泉。哲學家必
須在可感世界和可知世界間做出區分，並因此
使心靈產生轉向，即不是沉溺於可感世界，而
是轉向可知世界。可感世界即日常生活的、物
質世界，可知世界即理念的世界、理性的世界。
美德和價值存在於理念世界之中。柏拉圖對兩
個世界之間，以及相應的認識能力之間的關係

並沒有進行理性的論證，而是用隱喻來說明。柏拉圖用了三個有名的隱喻，分別名之爲「日喻」、「線喻」和「穴喻」。「日喻」是最基本的隱喻，其他兩個隱喻是其補充。

日喻的實質是把善理論比如太陽。

可感世界由具體的可感事物構成，這個世界的主宰者是肉眼所見的太陽。太陽是萬物生長的源泉和原因，我們感知萬物也得依靠它，它引起感官對象的可感性、眼睛的視覺能力和視覺功能。可知世界由各種理念構成，這個世界的主宰者是善理念。善理論是眞理的源泉和原因。作爲理智之光，它引起思維對象的可知性、心靈的認知能力和知識功能。在這裡，我們可以看出兩個世界的區別，但日喻主要不是用來說明這種區別，而是用來做類比：太陽對可感世界的統治可以用來說明善對理念世界的統治。

柏拉圖是這樣來概括日喻的：「太陽不僅使我們看見的事物成爲可見事物，並且還使它們產生、生長，並且得到營養，但太陽自己卻

不是被產生的。同樣，你也可以說，知識的對象不僅從『善』得到它們的可知性，而且從『善』得到它們的存在和實在性，但『善』自己卻不是存在物，而是超乎存在物之上，比存在物更尊嚴、更有威力的東西。」顯然，可知世界的秩序和可見世界的秩序大致一樣。柏拉圖在此顯然違背了自己的理性主義原則，藉助於隱喻來說明理性和邏各斯。

從柏拉圖的角度看，他準備用「日喻」這一最大隱喻來消除隱喻。理性即太陽，太陽神阿波羅即理性之神。我們感知物質世界需要光源，認知理念世界也當如此。我們必須獲得理智之光，我們因此應當崇拜理性的太陽。於是，理性在西方人（白種人）那裡成為一種用以解釋一切的神話。具體地講，這種神話即西方的形而上學。在這種形而上學中，理性排斥非理性，西方排斥非西方。這種理性神話既是西方人的防禦機制，又表明了西方人的故步自封。理性成為西方人的獨白和自我辯護。

西方人將邏各斯（理性），即將關於他們

自己的語言的神話提升爲最普遍的形式。理性
是普遍原則，是絕對權威，一切其他形式都應
當在理性的法庭中接受審判。理性自己是不容
駁斥的，沒有什麼證據能夠駁倒它，因爲它只
傾聽於自己有利的證據。假如挑戰來自理性內
部，這顯然是局部問題，不會動搖整體；假如
挑戰來自理性之外，它會抗拒之，聲稱：「你
無法說服我，如果你根據（理性的）規則進行
推理，我很容易反駁你的證明。」也就是說，
你要反駁我，先得服從我的原則。這無疑是一
種訛詐，既然服從了理性這一大原則，還有什
麼反駁可言呢？顯然，理性原則成了一種種族
中心主義神話，一種歐洲中心主義神話。

　　德希達從這種「白種人」關於理性的「神
話」中看出了西方形而上學的致命弱點，使其
成爲一種「蒼白的神話」。「白色神話學」顯
然包容了「西方」和「蒼白」兩種含義，這是
德希達字詞遊戲的又一傑作。這當然不只是一
個字詞問題。由「潔白」、「一塵不染」、「純
潔」到「蒼白」是很有意味的：理性的自我辯

護及其防禦機制是靠不住的，是擋不住真正攻
擊的，把理性作爲「公則」本身就沒有「法
律」基礎；其他民族文化的神話總是我行我
素，並不認你爲中心，並不會向你投靠。相反，
各種「顏色」的存在及其侵入與融通，使邏各
斯一開始就不純潔。德希達發現，柏拉圖經常
使用神話（主要來自東方，如埃及神話）來說
明邏各斯，在其作品中，哲學（邏各斯、理性）
和神話是契合的。於是，西方邏各斯在其起源
中就同時包含了哲學原則和神話原則，兩者有
著千絲萬縷的聯繫，其後的發展只不過是在兩
者間此消彼長。這些神話的使用無疑是日喻這
一總原則的具體化，表明邏各斯無法擺脫隱
喻。德希達並不是要借助日喻和其他神話來顚
覆理性，而是說明西方文化一開始就是多元
的、開放的，現在也應當如此。

　　隱喻問題實際上涉及哲學與文學的關係問
題。從前的看法是，哲學憑藉人的理性，文學
依賴於人的想像；哲學追求真理，文學只是追
求真理的輔助工具，哲學代表真理，文學只是

模仿眞理，哲學主宰文學，文學只是哲學的僕
從。然而，透過對哲學中所含的隱喻的揭示，
德希達發現，哲學並不高高在上，哲學和文學
一樣，都只不過是「詩意的比方」。哲學與文
學的界線於是得以消失。

邏各斯與邊緣問題

　　在不斷寫作中責難書寫，以神話和隱喻責
難神話和隱喻，這乃是哲學在理性這面大旗下
所幹的荒謬的事情。這些情況表明，在傳統意
義上所謂的哲學，那種追求眞理的哲學已經終
結了，當代哲人面對的是如何收拾殘局。

　　事實上，自從黑格爾這位哲學大師去世之
後，哲學就走向了無序狀態。在黑格爾風燭殘
年時，叔本華(Schopenhauer)就力圖用非理性
的「生存意志」去衝擊其理性主義的「絕對精
神」，儘管悲壯地失敗了，但理性的地位無疑面
臨著威脅了。黑格爾的逝世，使理性的光芒逐
漸失色。叔本華和尼采的非理性主義的意志主
義(Voluntarism)，孔德(Comte)的反形而上
學的實證主義(Positivism)，馬克思反思辨哲

學的實踐哲學(Practical Philosophy)紛紛出
場宣布了傳統哲學的「死亡」，後來各派哲學也
在渲染這一觀點。總之，人文哲學從叔本華、
尼采到海德格，科學哲學從孔德到羅逖(Richard Rorty)，從總體上看都是反形而上學
的，哲學終結論，已經成為最新的「哲學主
題」。

　　德希達明顯地受到尼采和海德格的影響，
和尼采激進地反傳統哲學不一樣，德希達傾向
於某種保守的策略，力圖在傳統中發現新東
西、新含義；和海德格「浪子回頭」，力求糾
正傳統哲學之偏差，以便回歸本真狀態不同，
德希達情願做一個流浪漢，追隨語言的漂泊游
離。這使得德希達不滿意於簡單地宣布「哲學
已經終結」，而是探討「哲學的終結是否可
能？」「如何可能？」「哲學的終結意味著什
麼？」「哲學終結後，哲人何為？」這表明，
我們應當對「哲學的終結」進行一番思考。但
是，我們的立足點何在？我們對它的思考是哲
學的思考，還是非哲學的思考？我們始終處於

矛盾的境地。

　　看起來，傳統哲學已經把所有的「論題」
都探討完了，剩下的只是一些「邊緣問題」。
我們正在跨越「邊界」，超出某一界線，哲學
已經完全消失。問題的關鍵是，我們跨不出去，
一隻腳在內，一隻腳在外，我們「騎牆」，我
們停留在「邊緣」上。這是一種收拾殘局的工
作。德希達的每一本著作都可以說在探討邊緣
問題，而《哲學的邊緣》一書差不多是一個
「宣言」。

　　在《哲學的邊緣》中，德希達十分注重
「細節」，關注的都是邊緣問題，但他「將」
了自己一「軍」，他問：《哲學的邊緣》是不
是「哲學的邊緣」？如果說「不是」，那麼哲
學在他本人那裡尚未進展到「邊緣」，它還有
中心論題，但中心論是什麼呢？只能是「邊緣
問題」，這顯然矛盾。但如果說「是」問題依
然存在：對於這些邊緣問題，我們是不是應當
繼續探討呢？但是，這種探討顯然是無窮盡
的，我們永遠無法進展到不是「邊緣問題」的

問題。這兩種情況表明，哲學處於某種「垂死」狀態，我們永遠無法用「生」、「死」二元對立來解釋之。於是，傳統的二元對立模式無法用於解釋邊緣問題。也就是說，傳統哲學往往只聽自己說（理性的獨白），聽不到外面、異己的聲音。現在，我們並不是要強制它聽來自外面的聲音，而是要讓它的「耳朵」產生「脫臼」，讓它聽到自己內部也有「雜音」和「異調」，從而產生某種新的「音響效果」。

　　所謂邊緣問題，就是為傳統的理性哲學所忽略了的問題，諸如書寫問題、神話問題、隱喻問題、作品風格問題、署名問題、前言與正文的關係問題之類。凡是受到「理性的太陽」之光芒照耀的東西，凡是自明的東西都屬於正題、主題、中心，它們可以直接為人所接受。但也有那麼一些隱晦不明的東西妨礙著理解，暗中破壞著邏各斯的純潔。傳統的作法是以日喻這一最大隱喻來消除這些晦暗因素，把它們作為不關宏旨的東西予以壓制，根本聽不到這些邊緣因素的呼聲。

　　德希達發現，不重視邊緣問題是不可能
的，一座高樓完全可能會因為螞蟻打洞而崩
塌。形而上學體系內部既然還有那麼一些尚未
馴服的東西，這座大廈也就時刻有著解體的威
脅。這不是說批評家刻意去尋找紕漏，實在是
這些邊緣因素自己的運作導致了這種後果。就
像在柏拉圖那裡，理性主義大廈用一劑性質未
定的「藥」而崩潰；在盧梭那裡，田原美夢因
「夢遺」這一「危險的補充」而破滅一樣。

　　德希達主要是一位讀者，他不從理論上去
論證「哲學的終結」，而是在具體閱讀中尋找
靈感，去尋找想像中包含的「死亡因子」。由
於哲學和文學的相互嫁接，由於哲學的隱喻化
特徵，他事實上承認了「哲學的終結」。然而，
德希達同時也找到了新的視角，他發現「哲學
終結」本身是一個問題，他的作品因此一直圍
繞著「哲學的終結」和邊緣問題而展開遊戲，
這也算是對哲學的藕斷絲連。

第四章
文本的生產性

　　結構主義強調「結構」、「模式」，致力於建立一種普遍的「文學科學」或「詩學」，這意味著它要求把具體文本在形式方面的共同特徵加以歸併和描述。後結構主義不再關注「結構」、「模式」等方面，完全放棄了建立「文學科學」的努力，它轉向了對具體文本的閱讀，並在其間獲得愉悅。在強調「文本的不及物性」、「文本的相對獨立性」、「作者死了」等方面，後結構主義與結構主義具有許多共同性。但是，後結構主義明顯地強調文本的遊戲性，使得文本的意義增殖突顯出來。在本章中，我們主要介紹羅蘭・巴爾特和德希達的

一些觀點。

一、「可讀的」與「可寫的」

　　羅蘭・巴爾特以善變著稱，但是，一些重要的觀點是保持始終的。他的後結構主義的一些觀點也不是後來才形成的，而是在早期思想中就已經有了「伏筆」。我們在此不妨根據他的寫作生涯來梳理其作品中具有後結構主義意味的有關思想的成形和發展。

　　羅蘭・巴爾特的成名作是《寫作的零度》，這是一部具有明顯「形式主義」特徵的作品，要回應的是沙特提出的「什麼是文學？」。沙特在1948年發表長文〈什麼是文學？〉，主張當代文學應當擺脫唯美主義和語言遊戲，從而轉向對社會和政治的承諾。也就是說，沙特主張文學對社會和政治的介入，「我們作為作家，職責在於再現世界，並作其見證。」作家應當用透明的語言直接指稱事物。

但他認為，現代主義文學卻背叛了這一原則，
不是「是啥說啥」，而是利用語詞歧義（疾
病），「現代文學在很多情況下是一種字詞癌
症。」

羅蘭・巴爾特不贊成沙特把現代主義文學
說成是「字詞的癌症」，並且提出了一種不同
於「介入說」的相反的文學觀。他認為，大約
在1850年代左右，作家不再充當「不幸意識」
（Unhappy Conscionsness）的普遍性證明，
開始選擇形式方面的因素，進而拒絕古典寫作
方式，他說，「從福樓拜到我們時代，整個文
學都變成了一種語言問題。」文學的對象是語
言」，而不是現實生活，寫作成為一種不及物
行為：不是像古典主義那樣為了某個特定目的
寫某一個具體題目，寫作本身成為一種目的，
一種激情。這樣，「文學最終完成了俄耳菲的
如下夢想：一位無需文學的作家，這就是白色
的文學，卡繆（Camus）的文學，蕭伯納的文
學或凱洛爾的文學，或奎諾的口語化寫作。」
總之，按巴爾特的說法，人們力圖達到某種中

性的，非情感化的寫作境界，達到某種零度寫
作狀態。這意味著轉向純粹寫作，而不考驗社
會和政治使命。這是一種反抗寫實主義（Real-
ism，也譯現實主義）的寫作觀。

　　羅蘭・巴爾特的「零度寫作觀」在《寫作：
一個不及物動詞》（*To Write, an Intransitve
Verb,* 1966）等作品中得到進一步加強。按他的
說法，西方文化自高爾吉亞（Gorgias）到文藝
復興，一直都十分重視語言理論，這一理論即
修辭學（Rhetoric），但是，到十六世紀，隨著
理性主義的產生，修辭學受到威脅，而當理性
主義被轉換成實證主義（Positivism）時，修辭
學則完全被廢棄了（指十九世紀以來的狀況）。
就文學而言，人們主要從作品、作家和學派出
發進行研究，而較少考慮語言問題，馬拉美
（Mallermé）等大師因關注一種風格學（Stylis-
tics）算是例外。這種情況沒有，也不應該繼續
下去，隨著普魯斯特（Proust）、喬依斯（Joyce）
等大家的出現，也隨著雅克慎等語言學家對文
學詩學特徵的關注，文學與語言的關係又再度

變得密切起來。

羅蘭・巴爾特堅持在語言學範圍內表達寫作活動，也就是說，借助語言學來探討文學科學。他認為，寫作是一個符號系統（Writing is a System of Signs），其重要原則是：對文學而言，語言不應該被看作是思想的功利性或修辭性的簡單工具。這樣，文學既不指向客觀實在，也不指向心理的主觀性。寫作活動是文學的核心。巴爾特認為寫作是一種純粹的活動，一種不及物的活動，「知道在什麼時候『寫作』（To Write）一詞在顯然不及物的方式上被使用是十分重要的：作家不再是寫什麼東西的人，而是絕對地寫作的人。」他指出，在知識分子範圍內，我們經常會聽到這樣的回答：「他在幹什麼？」「他在寫作。」這裡的「寫作」就是不及物的，是一種純粹活動。巴爾特認為，由過去堅持的及物寫作（寫實主義寫作）向明顯的不及物寫作過渡，乃是心理上的一種重要變化的標誌。

不過，巴爾特又提出了疑問：「但它眞正

是一個關於不及物性的問題嗎？」事實上，不管哪類作家都知道自己在寫點什麼，因爲他寫成了文章或書。從表面上，我們從不及物性方面界定現代意義上的寫作這一動詞，實際上卻不是。我們應當從語態（Voice）角度看。語態是動詞的一種形式或某種語法結構，它表示動詞主語與動詞賓語間的某些關係。主動語態（Active Voice）出現在動詞的語法主語進行某種動作或過程的句子中，如He beat me。被動語態（Passive Voice）則出現在動詞的語法主語是該動詞所表示的動作的目標或承受者的句子裡，如I'm beaten by him。還有所謂的中動語態（Middle Voice），指的則是這樣的句子：該句子表示所進行的動作施及主語自己，或這個動作是爲他本人而進行的，如「I'm getting shaved」這樣的結構，這句話的意思是：「I'm shaving＋I'm being shaved」在法語中，這種情況十分明顯，許多看似主動的詞如「aller」（來）、「arriver」（到達）、「renter」（回來）、「sortir」（出去），在

複合過去式（Passé Composé）中都用被動的
助動詞「être」（是），因為不管有否對象，動
作的施與者同時也是接受者。這類詞符合中動
語態。

　　在主動語態中，行動都在主體之外完成，
主體不受到影響。在中動語態中，主體在行動
中影響自己，儘管涉及對象，主體仍在行動影
響之內；也即，中動語態不排斥及物性。巴爾
特認為，如此界定中動語態的話，中動語態準
確地相似於動詞「To　Write」的狀態：如今，
「To Write」使自己成為話語活動的中心，在影
響自己的過程中實現「Writing」。於是，作家不
是作為一個心理主體，而是作為行動的代理人
處於寫作之內。把動詞「To Write」看作是中動
語態動詞，實際上意味著把文學等同於語言
學，把作家等同於純粹寫作。文學不再是關於
人類理性或情感的科學，作家也不再是思想、
觀念的生產者。主體和實在都被掏空了。

　　我們順理成章地進展到巴爾特關於「作者
死了」的有關思想。按塞爾頓（Roman　Sel-

den) 的看法：「最能代表羅蘭・巴爾特的後結構主義時期的是其短篇〈作者之死〉。」我們知道，「主體離心化」的觀念乃是結構主義的一般觀念。李維斯陀早在其《野性思維》 (1962) 中已經宣稱，「我相信，人文科學的最終目的不是構成人而是消融人。」傅柯在《物的秩序》 (1966) 中則認為，人只是十九世紀的一個發明，他已經接近終結了。德希達在其 1968 年所做的演講〈The Ends of Man〉中也說明了人在「目的」和「終結」之間的漂泊。「作者之死」只不過是「人之死」或「主體之死」在文學中的印證。羅蘭・巴爾特則明確地提出了「作者之死」的問題。

　　巴爾札克(Balzac)在《薩拉辛》(*Sarrasine*)中描述一個偽裝成女人的閹人時，寫下了如下句子：「這就是女人自身：充滿突發的恐懼，非理性的怪想，本能的擔憂，魯莽的大膽；大驚小怪，細膩敏感。」面對這樣的句子，巴爾特要問：「誰在說這些話？」是小說的男主人公呢？還是巴爾札克自己在說話？是作者

巴爾札克在宣稱關於女性的文學觀念嗎？這是一種普遍智慧，還是浪漫心理學？巴爾札克指出，我們永遠無法確切地作出回答。這是因爲，寫作就是要消除唯一聲音，不再尋找起源。這類同於傅柯的看法，傅柯在其〈作者是什麼？〉（1969）中借用貝克特的話說：「誰在說話有什麼關係，某人說，誰在說有什麼關係。」進一步講，寫作是一個中性的、複合的、傾斜的空間，在此，主體溜走了，個性消失了，文本成爲各種引文拼貼的場所。由於作品不再指向實在，作者不再是中心因素，而只能是寫作的功能之一，只有當具有中心意義的作者消失了，寫作才能眞正開始。

羅蘭・巴爾特認爲，人們只是在近代才開始賦予作者以重要地位，「作者是一個現代形象，是我們社會的產物。」這與英國經驗論和法國唯理論聯繫在一起，由於發現了個體或人的尊嚴，因此關注作者的人格。那麼目前的狀況怎麼樣呢？巴爾特描述道：「在現在，作者仍然主宰著文學史、作家傳記、訪談、雜誌，

文人都急於透過日記或回憶來把人格與作品聯
繫在一起。在普通文化中可以發現的文學形象
被壟斷地集中於作者，他的人格，他的生活，
他的興趣，他的激情。而批評大抵如是構成：
波特萊爾（Baude Laire）的作品出於波特萊
爾作為人的失敗；梵谷（Van Gogh）的作品
源自他的瘋癲；柴可夫斯基（Tchaikovs-
ky）的作品根源於其他罪惡。」總而言之，我
們對作品的解釋總是在生產這一作品的男女那
兒去尋找，我們只相信作者。

　　儘管作者的統治仍然強大，但一些作家已
經開始嘗試著放鬆控制。在法國，馬拉美可以
算一個代表，他認為在作品中是語言在說，而
不是作者在說，其詩學的目標也是揚寫作而抑
作者。普魯斯特是另外一個代表，他力圖模糊
作者和作品人物之間的關係，「他不是把有所
見聞和有所感受的他，甚至不是把正寫作的他
作為敘事者（Narrtor），而是把將要寫作的
他（小說中的那位青年──但是，他多大了？
他是誰呢？──打算寫作卻未能，當小說結束

時，寫作最終成爲可能。） 作爲敍事者。」巴
爾特認爲，普魯斯特的小說具有史詩地位，後
者不是把自己的生命置於小說中，而是把自己
的生活當作一部作品，其小說乃是這種生活的
模式。巴爾特還舉了超現實主義（Surrea
-lism）的例子。總之，作者的消失已經成爲一
個「歷史事實」。作家只不過是寫作的一個功
能，他並不意指一種人格，就像一個句子的主
語只是一種語法功能，而不意指獨立人格一
樣。

　　按照傅柯的看法，問題的關鍵不在於空喊
「作者死了」的口號，而是「應該重新審視作
者消失所留下的空的空間。」作者從中心位置
退隱了，他成爲一個作家（Writer），一個寫
字者（Scriptor）。寫字者不再在內心中擁有
激情、幽默、情感、印象，不再相信他的手（筆）
跟上思想和感情。相反，他在心中珍藏的是一
本「字典」，用筆不停地編織語句。寫字者與
生命也就在於不停地寫，就在於不停地模仿書
本（字典），讓自己完全成爲符號的功能。

　　作者的退隱，意味著傳統意義上的文本闡
釋成爲不可能的。傳統批評給一個文本確立一
個作者（或幾位作者合作完成作品），實際上
就是確定一個界限，一個解釋的權威，讀者和
批評家在這一界限內弄清楚文本的原旨原義。
也即，文本似乎都是有所指的，找到作者，文
本就獲得了解釋。面對一本著作，通常的作法
是確定是誰在什麼時間、什麼地點寫成，反映
了作者什麼樣的思想狀況和情感狀態。於是心
理分析、社會歷史分析之類就成爲基本的闡釋
方式。這樣，讀者和批評家沒有了地位，被晾
在了一邊，「經典批評從來沒有注意到讀者，
在它眼裡，作者是文學方面的唯一人稱。」羅
蘭・巴爾特認定，我們應當站在讀者的立場上，
並且指出，要想賦予寫作以未來，就必須推翻
作者主宰一切的神話。總之，「讀者之生必須
以作者之死爲代價。」「讀者之所以重要，是
因爲他成爲各種書寫文本拼貼的見證者和實施
者，他讀一部作品，實行上就是在參與寫作，
完成最後的寫作程序。巴爾特認爲，「讀者沒

有歷史，沒有傳記，沒有心理學。」這就意味著，轉向注意讀者，實際上是擺脫追尋文本意義的闡釋模式，進而轉向文本本身。

羅蘭‧巴爾特於1970年出版的《S/Z》一書和1971年發表的〈從作品到文本〉一文強調了文本自身的意義，這是他完成向後結構主義轉變的標誌。我們先來看看傅柯關於思想史研究中由作品轉向文本的有關論述，以爲參照。

我們知道，傅柯早在其《知識考古學》中就區分了思想史中兩種不同的對待作品的方式。從前的思想史研究基本上指向外部。史學家們搜集文獻，然後進行整理和研究。由於歷史是以主體（人）爲中心的歷史，對思想史進行的研究便開始於分析所謂的主觀單位（Subjective Unities）：即主體的理智活動的各種層次的產品（文獻的各種層次的分類）。根據其與作者之親疏不同，可將文獻分成不同的主觀單位，最基本的層次是某一作者的某一本書，然後是該作者的作品（Oeuvre，指全部作品的匯集），更高層次是他所屬的「特定時

代」或「某些傳統」，最後還有跨時代的包含
不同傳統的各門學科（學科自身也有等級差
別，從某一分支學科到一般學科，再到無學
科）。傳統的歸併和整理文獻的方式是力圖理
清這些主觀單位之間隸屬和轉換的連貫性、可
理解性。接著便開始研究：這些文獻意指什
麼？它所說的是真話，抑或說的是謊話？它是
坦誠的，還是有意誤導？它是訊息豐富的，還
是不包含任何知識？它是本真的，還是壓制性
的？如此等等。總而言之，目標只有一個：在
文獻所說的（有時僅僅是暗示的）基礎上重新
構造過去，試圖恢復說話主體及其時代背景的
原貌。傅柯認為，現在的作法不再關注外部事
實，而是著眼於文獻自身來展開工作：組織文
獻，加以分類和排列，在相關與不相關的系列
間進行區分，發現各自的內在要素，描述它們
的各種關係，界定其內在的統一，也即，文獻
不是因為指向外部事實而有意義，文獻本身即
包含著重要的價值。於是，不再有各種主觀單
位的區分，應當排除主體意圖的干擾，轉向文

本自身，把它當作純粹的推理事件（Discursive Event），只考慮其內部各要素之間的關係。

　　羅蘭・巴爾特由「作者之死」同樣從關注外部事實和主觀單位轉向了純粹文本。他注意到，由於語言學、人類學、馬克思主義、心理分析以及其他學科的發展，人們關於語言和關於文學作品的觀念發生了一些變化，產生了一種認識論斷裂。最為突出的是跨學科研究的出現，而跨學科研究不再關注作品，它只關注文本。在〈從作品到文本〉中，巴爾特從方法（Method）、類型（Genre）、符號（Signs）、多元性（Plarality）、起源（Filiation）、閱讀（Reading）和愉悅（Pluasure）等角度對文本的含義做了描述：

　　1.文本不應當被看作是一種可以測量的客體。儘管我們無法把文本與作品從質料（Matter）上區分開，但是，文本不像作品那樣是可以計量的，這是因為，它們有如下的區別：作品是實體的一個片斷，它占據書籍的一部分空

間，文本則是一個方法論領域；作品可以掌握
在手中，文本則掌握在語言中，只存在於話語
運動中。總之，文本只在生產活動中被經驗到，
它無法停留在空間中（如無法存留在書架
上）。它跨越作品，而且往往是跨越多部作品。

2.文本的範圍較廣，它不限於文學（或好
的文學）。文本不受制於類型區分，也即不受
制於等級制，從而破除了舊的學科分類系統。
一個例子是：我們如何將作家喬治・巴達耶
（G. Bataille）歸類：小說家、詩人、散文家、
經濟學家、哲學家、神祕主義者。

3.文本可以在其對符號的反應中被觸及和
被經驗。一般而言，作品最終指向所指（符
義），而文本實現的則是所指（或意義）的無
限延遲（延誤），指向的是能指（符表）的領
域，而且，這種能指不是被看作「意義的第一
步」、意義的通道，而是一種延期行爲、漂移
行爲。顯然，文本既無所謂中心，也沒有什麼
封閉的結構，或者說，文本是一個既無中心又
不封閉的開放系統。

4.文本是多元的。這不僅僅是說它有幾種意義，而是說它完成了意義的多元性：一種無法推溯的（而不僅僅是可接受的）多元。它就是說，文本的多元性不是多種意義的並存，而是意義的爆炸，意義播撒。多元性不是產生於歧義，而是產生於能指遊戲導致的意義生產和分化。也即，歧義可能是有限的、靜態的，而真正的多元則是無限的、不確定的、動態的。

5.作品總是被追溯到一個起源進程中。傳統批評關注作品，注意的是三個方面的事情：世界（種族、歷史）對作品的決定性作用，各種作品間的連貫性，作品與作者的契合。尤其突出的是，作者被尊敬為其作品的「父親」和擁有者。於是，文學科學和批評要求尊重手稿和作者宣稱的意圖，而社會保障了作者與作品的關係的合法性（例如版權法的制定）。文本的情況不是這樣，其間不存在「父親」的聲音，我們的閱讀也無需「父親」的保證，合法性問題因此被擱置。作者只不過是一個「紙上作者」（Paper-author），作者的生活不再是

他的虛構的源泉，相反，他的生活乃是一個有
助於其作品的虛構。正是普魯斯特的作品，日
奈（Genet）的作品使他們的生活作爲文本被
閱讀。寫文章的「我」只不過是一個「紙上的
我」（Paper-I）。

　　6.作品通常是消費的對象，文本因其不可
讀性（Unreadability）而把作品從消費中剔
出，並把它組織爲遊戲、活動、生產、實踐。
這意味著「讀」與「寫」的界線的消失。從前
的看法是，「讀」與「寫」是兩碼事，作者
「寫」，讀者「讀」。現在的情況是，「讀」
就是「寫」，兩者在遊戲中合二爲一。在此
Play一詞有多重含義，即有文本自己的Play
（運轉、活動），又有讀者針對文本進行的
Play，玩文本如同玩遊戲（To Play the Text
as One Plays a Game）。這樣，讀者不可能
被動地接受或模仿文本，而是參與進去，與作
者一塊兒創作。

　　7.對文本的愉悅姿態。在讀一些作品時也
會產生愉悅，但這只是消費性愉悅的一部分，

因為我們只能閱讀作品，而不能重寫它們。至
於文本，它與極樂（Jouissance）聯繫在一
起，這是一種沒有分化的愉悅，文本（能指秩
序）以自己的方式參與到社會烏托邦中，在歷
史面前，它儘管無法達到社會關係的澄明，但
至少可以達到語言關係的澄明。在文本中，沒
有一種語言對另一種語言的威脅，語言始終處
於流轉之中。

　　上述七點是羅蘭‧巴爾特關於文本理論的
幾個命題，我們看到，他在這一階段完全轉向
了後結構主義。在此，核心的內容是他所謂的
「可讀性」(Lisible)與「可寫的」(Scriptible)之
間以及「愉悅的」與「極樂的」之間的區分。
前一區分主要體現在《S/Z》之中，而後一區
分是《文本的愉悅》的主題。

　　塞爾頓認為《S/Z》是羅蘭‧巴爾特與結
構主義絕裂的標誌，是他「給人印象最深刻的
後結構主義表演」。卡勒也認為，「在《S/
Z》中，巴爾特的研究從結構主義過渡到後結
構主義，經歷了徹底的改變。」可見《S/Z》

一書在羅蘭・巴爾特學術生涯中的重要地位。

　　巴爾特明確指出，包括他自己在內的結構主義敍事學者，所提出的在一個單一結構內洞察世界上的一切小說的雄心是無法實現的。這是因爲，我們無法揭示一個普遍的結構，因爲每一文本都帶有某種差異，一部現實主義小說在有限意義內提供一個封閉的文本，而其他的文本則可能鼓勵讀者創造和生產意義。前類文本讓讀者成爲固有意義的消費者，而後類文本則讓讀者成爲一個生產者。前一類文本被稱爲是「可讀的」，後一類被稱爲是「可寫的」。第一類是爲了讓人們閱讀（消費），第二類是讓人們去寫（生產），在第一類文本中，讀者是被動的消費者，在第二類文本中，讀者是能動的生產者。具體的小說，就是指「巴爾札克式小說」與「現代小說」兩種類型。現代小說通常以「新小說」，如羅伯・格里葉的小說爲代表。不過，巴爾特同時承認，如上區分主要是功能性的，「可寫」而「不可讀」的小說只在理論上存在。他指出，有些人似乎希望有一

部道道地地的現代文本，完全無法閱讀的文本，「一部沒有影子的文本，完全與主宰意識形態無緣的文本。」可是，這將是「一部不會開花結果，沒有任何生命力的作品，一部思想貧瘠的作品，它不會生產任何意義。」也就是說，這樣的文本在現實中是不存在。「不可讀」主要的意味是「意義的播撒」、「多元性」和「不確定性」。他寫道：「理想的文本乃是一組能指，而不是所指的結構；它沒有起點，我們可以透過幾個入口接近它，沒有哪一個入口可以被權威地宣稱為主要的入口。」這實際上表明，文本的多元性為文本自己所運作以及讀者的遊戲活動開啟了可能。從另一方面看，「可讀的」或「巴爾札克式的」文本，除非思想貧乏之極，也總不可能是意義畢現的、一目了然的，而是存在著各種閱讀的可能性。嚴格地講，我們不是要把兩種文本對立起來，然後分別去尋找其「代表作」。按傑佛遜（Ann Jefferson）的理解，準確地說，應當是指同一文本中兩種不同的品質，一是「可讀的」，一是「可

寫的」，「因爲既不存在純粹可讀的文本，也
不存在純粹可寫的文本。」在不同作品中，這
兩種品質所具有的分量是不同的。巴爾札克的
《薩拉辛》之類的作品主要歸於「可讀的」之
列，而現代主義小說主要歸於「可寫的」之
列。總之，現代主義文本比經典文本更具多元
性，更加不確定。

　　我們在前面已經看到，在〈從作品到文
本〉中，第6點講的是「可讀的」與「可寫的」
之區分，接下來談到了愉悅問題，也即：「可
讀的」與「可寫的」文本之區分實際上也可以
稱爲「愉悅文本」（Text de Plaisir）和
「極樂文本」（Text de Jouissance）的不
同。這是巴爾特在《文本的愉悅》（1975）中
集中表達的看法。

　　巴爾特向一位訪談者說明了「愉悅」一詞在
其作品中的重要性，並表示他打算「爲一種享
樂論負責，即返回到被壓制了數世紀之久的一
種受貶的哲學。」由於作者的死亡，讀者可以
從任何方向自由進入文本，而不存在某一路線

正確，而其他路線不正確的問題；讀者可以自由地開啓和結束文本，不需要考慮起源和歸宿問題；讀者可以任意地跟隨符表滑行、漂移，不爲符義所捕獲，而從文本中獲得愉悅。但巴爾特對愉悅進行了區分，認爲有兩種意義的愉悅，一是愉悅（Pleasure），一是極樂（Bliss）。按卡勒在《結構主義詩學》中的說法，《文本的愉悅》把《S/Z》中的「可讀的」與「可寫的」之間的區別轉換爲兩類愉悅之間的非對稱的對立。

　　愉悅是一個總的說法，指一切種類的閱讀快樂，但它在更多的情況下則指一種不同於極樂的狀態，「一方面，每當我必須指稱文本的極度豐富性時，我需要一個一般的詞『愉悅』，……而另一方面，每當我需要將歡快、實現、滿足（當文化自由穿入時的一種充實感）和極樂所特有的震動、瓦解，甚至缺失相區別時，我又需要一種特殊的『愉悅』，整個愉悅的一個簡單部分。」按巴爾特的意思，狹義的愉悅的文本是可讀的文本，即我們知道如

何讀的文本。愉悅的文本有時也意味著讀者在尋找文本的透明意義時發現了斷裂，但最終卻要求填平斷裂；更有限的愉悅則是透過符合文化習慣的更爲舒適的閱讀獲得的滿足。極樂的文本主要是不可讀的文本，它給予讀者一種缺失感，它擾亂了讀者的歷史的、文化的、心理上的假定，並使讀者和語言的關係發生危機。但是，在「愉悅文本」給予讀者以「愉悅」和「極樂文本」給予讀者的「極樂」之間只有程度差別，後者只是前者更爲自由的發展。

　　巴爾特把我們的閱讀從發現意義轉移到了愉悅的獲得上來，這使我們獲得了自由和解脫，然而，他關於兩種愉悅的區分則又使我們認識到：自由與輕鬆並不是一回事。他更爲強調的是極樂，意味著把邏輯矛盾中的悖謬（Paradox）推向極端，其狀態就像沙德（Sade）描述的浪子把繩子套在脖子上以求極度興奮，而傅柯認爲死亡可致極度快活一樣。至樂也不僅僅指極度快樂，它也指向極度沮喪，更接近於厭煩（Boredom）。由於拋棄

了歷史的、文化的、心理的假定,由於讀者不再與作者溝通,人們在現代主義文本中只能感受到厭煩。非連續性、消解、不確定性和不可讀都包含著某種可厭性,我們無法避開厭煩,「厭煩去狂喜不遠,它是從愉悅之岸眺望到的極樂。」

從整體上看,要享受閱讀的快樂單靠一般地讀、理解地讀、透明地讀是不行的。裸體美人遠不如穿著衣服、但留有衣縫的女人更有色情意味。這樣,色情文學(Pornography)不包含極樂的文本,因為它們總是盡一切可能暴露最後的真相。然而,那些頗費周折地發現的某些遮遮掩掩的字詞則更具色情味,更能激起快感。事實上,文中的每一字詞都可能是快樂的對象,「我對語言感興趣,因為它傷害我或者誘惑我。」極樂有一種抵制溝通而至的反社會性,但這並不意味著回到孤獨個體,或純粹主觀性,相反,一切都喪失了,我們陷入了深淵,於是,多種可能性開啓了。巴爾特寫道:「愉悅懸擱的是所指價值,」「這就是文本的

愉悅：價值移向能指的奢侈的行列。」而且，他告訴我們，應該「大聲地寫」（Writing Aloud），應當不斷在文本中發現極樂因素的可能性。一言以蔽之，文本單一意義、作者的權威地位讓位於讀者的生產性的活動。

二、讀與寫的雙重活動

在羅蘭・巴爾特那裡，讀者最後也成了作者，成了寫字者，德希達的看法大體上也是一致的。我們知道，按一般的看法，解構主義較其他文學批評而言，更注重理論探索，但它畢竟是一種消解理論或抵制理論的理論。我們更多地只能從其閱讀策略與技巧中看到「何為解構？」因此，我們更多地把Deconstruction看作是一種「閱讀方式」。

和巴爾特、傅柯等人一樣，德希達也由作者、作品轉向文本。他的解構對象是文本，解構的整個內蘊、步驟、方法和獨特性都在對文

本的閱讀中體現出來。這樣，它就不是一種空
洞的理論說教，而是直接面對批評對象。解構
批評也不像傳統批評和理論那樣具有規範和指
導性質，它並未制定什麼框架讓具體實驗符合
之。相反，它針對具體文本進行具體閱讀，進
行細讀。這種閱讀並不對「原文」說三道四，
旣不褒揚也不貶低，而是對它進行重寫（改
寫），閱讀活動於是成爲讀和寫的雙重活動。
讀者有權讀進自己的東西，可以引入其他人的
東西，文本因而成爲開放性的媒介，沒有了作
者的權威地位。

　　德希達區分了兩種閱讀，一是傳統的閱
讀，一是解構的閱讀，前者指向文本的可讀性、
可理解性，後者相互於文本的不可讀性、可寫
性。第一種閱讀是重複性閱讀（Repetitive
Reading），後一種閱讀是批評性閱讀（Critical
Reading）。早在《人文科學話語中的結構、符
號和遊戲》中，德希達就已經談到了兩種閱讀
（闡釋）方式的不同。前者（結構主義是其最後的
代表）尋求的是譯解（Deciper），夢想尋找到眞

理和起源；後者(解構的方式)不再關注眞理，
不再尋找起源，它只肯定閱讀的遊戲。第一種
閱讀的立意在於進行客觀的解釋，力求讓讀者
和作者溝通，作者是權威，其意圖干預著讀者
的閱讀和理解，讀者似乎只是消極被動地重複
作者的意思。後一種閱讀讓讀者的自主性增大
了，作者死了，怎麼閱讀都可以，遊戲性取代
了客觀性，於是，讀者的創造性和生產性體現
出來了。當然，這兩種閱讀方式並不是完全對
立的，而是有互補性的。

　　德希達認爲，儘管我們作了兩種閱讀間的
區分，但在實際的解構運作中，我們不可能置
傳統閱讀於不顧。批評性閱讀必須有寄託之
處，而傳統閱讀正是其寄託處。也即，解構總
有其解構的目標，這就需要有傳統閱讀來進行
重複、重建、解釋原文的工作。這一工作不一
定是現成的，解構批評家需要代勞，先樹靶子，
然後解構之。當然，儘管把傳統閱讀納入了解
構閱讀中，但它畢竟只是最初的環節，唯有批
評性閱讀才能達到解構文本的目的。

解構閱讀的策略表現為：尋找到一些「邊緣」（德希達用語）或「盲點」（德·曼用語），以之作為媒介或突破口，進而發現文本閱讀的多種可能性，即文本意義的播撒，文本自身的解構性，並因此重寫文本。德希達的整個作品實際上都得益於對某一作者的某一作品（某些作品）的改寫，是對「原文」的「合法地剽竊」。把原文引來，換個角度重新加以審視和安排（拼貼），立場和觀點於是有了明顯的不同。

閱讀不是發現已經具有的意義，而是發現意義在不斷增殖，正如史碧娃克（Gayatri Spivak）女士指出的，「解構是一種生產性的而不是保護性的閱讀。」保護性閱讀旨在維護原文及其作者的「合法地位」，不容讀者插入自己的意見和看法，生產性閱讀則要求文本向讀者開放，容忍讀者的意見和看法。解構閱讀當然也不是棄原文於不顧，不是隨意地生產，它的任務就在於，「解構文本中仍然起作用的形而上學的和修辭學的結構，不是為了拒絕或

拋棄它們，而是以另一種方式重新描述。」在此，原文具有工具價值，是德希達幹零活（Bricolage）的有效而實用的工具。這種重新描述透過抓住文本的矛盾和歧義而展開概念遊戲，遠離所指和實在帶給人們的重負。

　　如上關於閱讀的看法可以按如下方式展開。

解構理論注重內部突破策略

　　德希達的解構方法顯然著眼於內部顛覆，他指出，「解構運作並不從外部摧毀解構。外部摧毀是不可能的、無效的，也不可能攻克準確目標，除非居於這些結構之內。」又說，解構應當「從舊的結構中借用顛覆的策略和經濟學的資源。」例如，在〈柏拉圖的藥店〉中，德希達尋找到了《斐德努》（Phaedrus）中不引人注目，但顯然包含歧義的「藥」（Pharmakon）概念，把它作為媒介和突破口。於是，柏拉圖的理性的舞台變成為「藥」作遊戲的劇場，人們本來跟著理性走，現在卻以「藥」為線索來重新審視柏拉圖的全部作品。「藥」的

性質如何呢？德希達這樣寫道：「『藥』的本質，存在於這樣的方式中，在該方式中，它沒有固定的本質，沒有『專有』（Proper）的特徵，它無論如何不是實體的，不管是在形而上學、物理學、化學還是在煉丹術意義上理解。『藥』沒有理想的同一，它是非本質的。」他接著寫道：「它既不簡單地屬於可感，也不簡單地屬於可知的。」十分明顯，「藥」具有包容性，它超越於可感和可知的實體之外，它沒有固定的本質，但它可以同時說明它們兩者。由於「藥」有｜良藥」（Remedy）和「毒藥」（Poison）之區分；同時Remedy可能產生不良後果，而Poison相反也有治療作用，於是「藥」所運作的就複雜起來了。最後，理性和邏各斯也都與「藥」交織在一起。理性是「藥」，理性之父蘇格拉底也是一劑「藥」。蘇格拉底因Poison而死，他的死同時也成為一種治劑（Remedy）。這樣，透過柏拉圖文本中「藥」這個概念的啓用，重新描述了柏拉圖文本，一場革命透過內部瓦解的策略悄然完成。

　　傳統的閱讀或批評當然也注意到了有歧義
的概念，但它力圖消除歧義，恢復單一意義，
以求讓能指與所指對應，概念與實在對應。解
構相反地迷戀了概念的歧義。我們知道，海德
格認爲西方哲學在發展過程中逐漸產生偏差，
原因就在於概念的歧義，例如把 Being 和
beings相混同。他於是要利用現象學方法消除
歧義，回歸本義。德希達同樣看到了這種偏差，
但他不準備解除偏差，而是利用這些偏差來動
搖形而上學結構，正因爲此，海德格被稱爲是
一個「思鄉的遊子」，而德希達被看作是四處
漂泊的「流浪漢」。解構閱讀迷戀於概念的歧
義，透過把該概念的多重含義一併置入文本，
使得文本的單一意義消失，從而動搖了（改寫
了）文本的結構。這樣，對文本進行重寫並不
需要啓用新概念，它可以利用文本內部現成的
在手的工具。

　　德希達也曾杜撰過一些字詞，如「Différ-
ance」和「Archi-writing」。德希達認爲，
Différance既不是詞，也不是概念。它要表達的

是詞或概念的意義播撒，代表的是德希達對詞
或概念的一般看法：任何一個詞，任何一個概
念都具有Différance這種性質，也即時間上的
「延誤」和空間上的「分化」。Différance表
明差異沿著時間和空間兩個方面展開，任何一
個符號都具有「延誤」和「分化」的雙重運
動。進一步地，在延誤中產生分化，在分化中
產生延誤，使得意義更不確定。德希達經常使
用的「藥」、「補充」、「膜」（Hgmen）和
「痕跡」（Trace）等概念都具有Différance
的性質，代表的都是意義的不確定性和播撒
性，但這些概念沒有靜態的含義，它們完全是
功能性的，它們作為文本讀解的工具而具有意
義。德希達並不用Différance去一般地說明文
本，而是針對不同文本運用不同的具有Différ-
ance的概念，由於這些概念來自原先所屬的文
本，因此更具有工具效用，能夠更好地使原文
得到改寫。換言之，透過在文本內部進行一系
列概念遊戲（詞源分析、概念嫁接，一詞多
義），使得文本成為不確定的，從而開啓了文

本閱讀的多種可能性，進而消解了單一意義的
神話。顯然，讀者的創造性和文本自身的解構
性是相互映襯的。Archi-writing一詞同樣指類
似於Trace、Différence的性質，但為了方便，
他常常用Writing一詞替代。這就要求我們保
持警惕，要區分Writing是在狹義書寫還是在
「原書寫」意義上使用的。正是這種模稜兩可
的性質，Writing一詞也參與到了字詞遊戲之
中。德希達用Writing代替Archi-writing，使得
傳統既受到抗拒，又獲得保留，也表明他認定
內部策略更為有效。

解構理論啟用了一種曖昧的邏輯

　　德希達清楚地認識到，人們無法擺脫傳
統，或者說，直接對抗傳統是無用的。德希達
用耳膜為喻，表明了哲學傳統是無法被超越
的。耳朵有多種構件，耳膜在其間具有重要作
用。外部聲音能否進入，取決於它能否為耳膜
接受。耳膜通常有緩衝作用，如果聲音過於猛
烈，可能就會震破耳膜，使耳朵無法聽到，人
們也因此無法對外界刺激作出反應。哲學就是

一隻巨大的耳朵，它聽慣了溫馴的聲音（或自己的獨白），如果有猛烈的攻擊之聲，它是不會洗耳恭聽的，它可能把耳朵堵塞起來。但人們可以改變策略，用一些模稜兩可，看似恭維實則暗中詆毀的話，讓哲學傳統聽起來順耳，卻慢慢地產生偏離，在不知不覺中動搖其根基。同一隻耳朵聽到了與原先不同的聲音，但並未因此就產生完全的改變。

傳統（哲學傳統、文化傳統，如此等等）實際上是有人格的，社會和人群是傳統的忠實擁護者，是傳統的永久載體。在任何情況下，傳統的呼聲都是很高的，以吶喊或攻擊來掩蓋它是很困難的。但是，如果人們在不知不覺中往傳統中注入一些新東西，就會產生意想不到的效果，人們還在維護傳統，但傳統已經改變了。德希達不願做傳統的維護者，但他並不因此就站起來與之針鋒相對，並不打算啟用對抗的邏輯。他不贊成一切形式的Antism，如Anti-logoscentrism，Anti-phonocentrism之類，總之，不贊成顛覆，不贊成正面對抗。他主張一

種迂迴曲折的道路，主張停留在中間地帶，在這一緩衝地帶，他發現變革始終與傳統有染，而傳統也總是保持某種開放的姿態。

　　反傳統者實際上仍然停留在傳統的窠臼中，因爲他仍然堅持傳統意義上的二值的（非此即彼）邏輯：不贊成就反對。Deconstruction的方略則是：將二值對立的筆直界線加以鬆動，讓其「錯位」或「脫臼」，從而使其傾斜、交錯起來，相互滲透，避免了正面的、直接的衝突。

　　在傳統哲學中存在著兩極，一是建構，一是破壞。黑格爾是前者的代表，尼采是後者的代表。黑格爾是設計和製造哲學、文化產品的「工程師」，致力於邏輯體系的「工程學」建設。尼采是哲學、文化領域的「爆破專家」，他要拆毀前人建構的「高樓大廈」。德希達對兩者都表示過欽佩，但對兩者都有所保留。從總的情況看，在解構閱讀中，他既不像黑格爾，也不像尼采，他不倒向任何一方。德希達實際上是一個幹零活者（Bricoleur），既不建構，

也不破壞，他利用具體文本中的一些現成工具和零星廢料，對該文本進行一些敲敲打打、修修補補的工作。任何文本都有一些邊緣因素，有一些可供寄生的「縫隙」，德希達「擠進去」，參與進去，使文本膨脹起來，活動起來，既增殖了文本（加入了新東西），又削弱了它（自己的老巢給他者占據）。

　　如果說黑格爾是一棵蒼天大樹的話，德希達只是寄居其上的一根長青藤。長青藤因蒼天大樹而有生命，但它卻與大樹爭奪水分、空氣和陽光，它影響大樹，改變大樹，甚至讓其枯萎下去。德希達這個「寄生蟲」因此不同於尼采，後者想把大樹連根拔起。德希達認識到，這種極端的作法只有一時之魅力，卻無法產生持久的效應。如果讓文本的內在因素運轉起來，其消解作用雖然緩慢，但卻能夠持久有效。我們通常將黑格爾看作是一位形而上學家，將尼采看作是一位虛無主義者。德希達則以其幹零活者固有的自由和超然，沒有被建構或破壞的壓力所束縛。

　　德希達的美國同事、解構主義者米勒曾經
說過：「解構主義既非虛無主義，亦非形而上
學，而只不過是作為闡釋的闡釋而已，即透過
細讀文本來清理虛無主義中形而上學的內蘊，
以及形而上學中虛無主義的內蘊。」形而上學
和虛無主義是彼此對立的，但也是彼此滲透
的。我們無法找到一個解決方法，使兩者間的
衝突一勞永逸地消除，「解構主義不能提供一
條出路來擺脫虛無主義或形而上學。」激進的
變革是無用的，於是它選擇一個中間地帶藉以
棲居，或者說，他流浪、漂移在形而上學和虛
無主義之間。德希達於是成為介於黑格爾和尼
采之間的人物，這兩個矛盾的形象始終伴隨著
他，儘管常常產生著變遷。

　　解構主義者於是不像叛逆者，而像流浪
漢。叛逆者背叛原先的「家」，但他總會找到
新的「家」，而流浪漢不一樣，他無「家」可
歸。換個角度看，流浪漢比叛逆者自在，他不
受制於一個固定的「家」，他四海為「家」，
他占有開放的空間。流浪漢有其開放的邏輯。

美國文學理論家B.Johnson女士指出，Decon-
struction陳述了一種「新邏輯」，它不同於傳
統的二值邏輯：它既不說either/or，也不說
both /and，甚至也不說neither/nor；然而，
它與此同時並不拋棄如上任何一種。顯然，
Deconstruction並不在乎保守還是創新，其基
本思路是沒有邏輯根據的。這表明，它不固執
地堅持某一種思維方式，而是實用地、靈活地
對待之。這樣，由於曖昧地同時承認了多種因
素，使得解構邏輯成為各種「舊邏輯」的包容
者或重新組合的媒介。

解構憑藉寄生而得以可能

我們前面講過，解構主義儘管把重複性閱
讀和批評性閱讀區別開來，儘管它更注重後
者，但是，它沒有把前者置之一邊，而是將兩
者都融入到解構策略中去，這就是解構理論的
「雙重閱讀」 （Double Reading）。解構主義
的反對者、美國著名的文學理論家阿伯拉姆斯
（M. H. Abrams）這樣寫道：「如果我們忽
略德希達對一般哲學文本的解構同時包括兩種

解釋模式，而且是有意地進行雙重閱讀（可以
把它們分別命名為閱讀一和閱讀二，它們是不
可分的，即使它們有時是不可調和的，也總是
一致的，相互依賴的），就會誤解了德希達的
步驟。」也即，按阿伯拉姆斯的意思，德希達
的閱讀策略將重複性閱讀和批評性閱讀包容在
一起。

　　雙重閱讀之所以存在，是因為批評性閱讀
應當有所寄託，也就是解構閱讀具有寄生性，
用阿伯拉姆斯的話來說，它寄生於「明顯的或
單義性的閱讀」。閱讀一發現文本是可讀的、
可理解的，是任何普通讀者都共同利用的閱讀
方式，阿伯拉姆斯把它看作是一種建構的努
力。閱讀二則是一種批評性閱讀或「積極的解
釋」，使已經建構起來的單一意義產生播撒。
於是，閱讀一成為解構閱讀的一個不可缺少的
步驟，「形而上學文本被理解，它仍然是可讀
的，永遠是可讀的，而且，這種標準讀解和理
解，儘管只是最初的階段，但它於解構的進程
是必不可少的。」如果文本不是在傳統意義上

成為可讀的，解構既無從下手，也沒有必要，
德希達因此是承認傳統批評的意義的。在《論
書寫學》中，德希達這樣寫道：「重複性評論
的環節在批評性閱讀中無疑有其地位，然而，
要承認和尊重它的所有的經典闡釋是不易的，
並且需要運用傳統批評的所有工具。但是，沒
有這種承認和尊重，批評性生產將會有著漫無
方向發展的危險，而且差不多會讓自己無所不
說。」批評性閱讀儘管具有生產性，但它總得
有生產的「基地」，於是，重複性閱讀作為其
媒介而對它有了一定的限制作用。總之，解構
批評重視批評性閱讀，同時也將重複性閱讀作
為其兩個必不可少的步驟包含在內。這不是說
解構批評就贊成傳統閱讀，而是從幹零活者的
經濟學原則出發，把它作為一種工具，並因之
而進入更為關鍵的步驟。

　　德希達對盧梭作品的閱讀很好地體現了這
種雙重閱讀。

　　在《論書寫學》中，德希達閱讀了盧梭死
後由人整理出版的，不怎麼受人重視，卻容易

引起爭論的一本小書，名曰《論語言的起
源》。在閱讀中，德希達嫁接了盧梭的其他著
作，如《論人類不平等的起源》、《愛彌兒》、
《懺悔錄》等等。按德希達的說法，在傳統批
評的視界內，《論語言的起源》的基本觀點
是：聲音在書寫之前誕生，並對書寫具有優先
性。然而，德希達透過尋找該書中包含的矛盾、
悖謬、歧義，並透過訴諸其他文本，發現盧梭
在書中說出了一種他並未打算說的「補充邏
輯」：書寫是對聲音的補充，是聲音的替代，
但聲音和書寫都只是原書寫的替代，而書寫與
聲音也是彼此相互補充、相互替代的。根據盧
梭在《懺悔錄》中對「手淫是正常性生活的危
險的補充」和尋找母親之替代者的焦慮的體
驗，這種「補充邏輯」使書寫和聲音的關係複
雜化了，不存在由聲音到書寫的單一線索。

　　「補充邏輯」並不是由盧梭明確表達的，
而是由文本自我解構而產生的。德希達的工作
就在於揭示盧梭「打算說的」和「說了卻未打
算說的」之間的關係，或按阿伯拉姆斯的說

法，「德希達對盧梭的閱讀因此反覆地揭示盧梭『打算說的』和他『說了卻未打算說』之間，或者盧梭『聲稱的』和他的文本『描述了但未打算說的』之間的對應關係。」盧梭「打算說的」可以透過傳統閱讀來獲得解釋，而他沒有打算說，但在字裡行間流露的東西就只能由解構閱讀來揭示了。在此，傳統閱讀和解構閱讀各有其地位。但在嚴格的意義上說，解構閱讀寄生於傳統閱讀，沒有傳統閱讀，解構閱讀無法展開。難怪，德希達在《論書寫學》中做了大量的傳統閱讀工作，並確信別人能夠承認他對盧梭進行了正確的閱讀。

　　當然，我們在此不應對「寄生」一詞做狹隘的理解，米勒藉由Parasite一詞的分析，說明了「寄生」的複雜含義。Parasite（寄生者）一詞不論在希臘語還是在拉丁語中都包含著歧義，它不但意指前來做客的「客人」或「食客」，也意指作東的「主人」，因此，從未有明確區分過的主人與客人。就解構閱讀和傳統閱讀的關係而言，解構閱讀要利用傳統閱讀的

一些東西，但它並不完全依賴於傳統閱讀，兩
者都是坐在食物旁邊的同桌「食客」，是主人
兼客人。米勒曾把雪萊的〈生命的凱旋〉作爲
例子。這首詩可以權且充作「食物」和主人，
它爲各種詩評家所寄生或吞食，而這些批評家
之間也存在著「吃」的關係。也即，批評家一
起「吃」〈生命的凱旋〉，而他們彼此間也在
互相「吃」。往上追溯，該詩也「吃過」別的
詩或詩評，如此上溯，以至無窮，於是，存在
著一條寄生現象的長長的鎖鏈。

　　由此看來，傳統閱讀和解構閱讀雖然是彼
此爭奪的，但同時也是相互包容的。解構理論
將傳統閱讀和解構閱讀同時包含在自己的戰略
之中，正表明了它與傳統批評的複雜的「寄生
關係」。按解構的邏輯，傳統閱讀在自身解構
中失去確定性，而解構性閱讀也總會有一些
「積澱」，兩者因此是相互過渡的。顯然，最
終的確定性不存在了，解構總是停留在一個中
間地帶，與傳統保持著若即若離的關係，但最
終則以傳統爲其生存媒介。

參考書目

1.P. Rice & P・Waugh, *Modern Literary Theory, A Reader,* London: Edward Arnold, 1992.

2.R. Selden, *A Reader's Guide to Contemporary Literary Theory,* The University Press of Kentucky, 1983.

3.Ann Jefferson & D・Robey, *Modern Literary Theory, A Comparative Introduction,* London: B・T・Batsford Ltd., 1986.

4.J. M. Ellis, *Against Deconstruction,* Princeton University Press, 1989.

5.J. Culler, *On Deconstruction,* Routledge & Kegan-Paul Press, 1985.

6.F. Merrell, *Deconstruction Reframed,* Purdue University Press, 1989.

7.*Deconstruction: A Critique,* Edited by Raznath, Macmillan, Inc., 1989.

8.L. Ferry & A. Renaut, *French Philosophy of sixties,* The University Press of Massachusettes, 1990.

9.E. T. Bannet, *Structuralism and the Logic of Dissent, Barthes, Derrida, Foucault, Lacan,* The Macmillian Press Ltd., 1989.

10.J. Derrida, *Writing and Difference,* Routledge & Kegan-Paul, 1978.

11.——, *Of Grammatology,* The Johns Hopkins University Press, 1976.

12.——, *Margins of Philosophy,* The University of Chicago Press, 1981.

13.——, *Dessimination,* The University of

Chicago Press, 1981.

14.M. Foucault, *Mental Illness and Psychology,* University of California Press, 1976.

15.——, *Madness and Civilization,* Vintage Books, 1988.

16.——, *The Order of Things,* Vintage books, 1973.

17.——, *The Archaeology of Knowledge,* Pantheon Books, 1972.

18.——, *Disipline and Punish,* Vintage Books, 1979.

19.——, *Politics, Philosophy, Culture: Interviews and Other Writing, 1974~1984,* Routledge, 1990.

20.——, *Power/Knowledge, Selected Interviews and Other Writings, 1972~1977,* The Harvester Press Limited, 1980.

21.R. Barthes, *The Pleasure of the Text,* New York Hill and Wang, 1975.

22.——, *To Write: An Intransitive Verb,* 參*Modern Literary Theory,* Exited by Rice & Waugh.

23.——, *The Death of Author,*同上.

24.——, *From Work to Text,*同上.

25.J. Lacan, *Ecrits, A Selection,* Translated by A. Sheridan, Tavistock Publications.

26.G. Gutting, *Michel Foucauct's Archaeoloogy of Scientific Reason,* Cambridge University Press, 1989.

27.王逢振、盛寧、李自修編，《最新西方文論選》，灘江出版社，1991年。

28.伊格爾頓著，王逢振譯，《當代西方文學理論》，中國社會科學出版社，1988年。

29.傑斐遜・羅比等著，盧丹懷等譯，《當代國外文學理論流派》，上海外語教學出版社，1991年。

30.喬・卡勒著，盛寧譯，《結構主義詩學》，中國社會科學出版社，1991年。

31.索緒爾著，高名凱譯，《普通語言學教程》，
　　商務印書館，1985年。

32.布洛克曼著，李幼蒸譯，《結構主義：莫斯
　　科──布拉格──巴黎》，商務印書館，1987
　　年。

33.羅蘭‧巴爾特著，董學文、王葵譯，《符號
　　學美學》，遼寧人民出版社，1987年。

34.傅柯著，孫淑強、金築雲譯，《癲狂與文
　　明》，浙江人民出版社，1990年。

35.傅柯著，張廷琛等譯，《性史》（第一、二
　　卷），上海科學技術文獻出版社，1989年。

36.托多洛夫著，王東亮、王晨陽譯，《批評的
　　批評》，三聯書店，1988年。

37.喬卡勒著，方謙譯，《羅蘭‧巴爾特》，三
　　聯書店，1989年。

38.李維斯陀著，李幼蒸譯，《野性的思維》，
　　商務印書館，1987年。

39.楊大春著，《解構理論》，揚智文化公司，
　　1994年。

40.楊大春著，《德希達》，生智出版社，1995

　年。

41.楊大春著，《傅柯》，生智出版社，1995年。

文化手邊冊　20

後結構主義

作　　者／楊大春
出　版　者／揚智文化事業股份有限公司
發　行　人／葉忠賢
總　編　輯／孟　樊
登　記　證／局版北市業字第 1117 號
地　　址／台北市新生南路三段 88 號 5 樓之 6
電　　話／(02)2366-0309　2366-0313
傳　　真／(02)2366-0310
印　　刷／偉勵彩色印刷股份有限公司
法律顧問／北辰著作權事務所　蕭雄淋律師
初版一刷／1996 年 12 月
初版三刷／2000 年 5 月
定　　價／新台幣 150 元

南區總經銷／昱泓圖書有限公司
地　　址／嘉義市通化四街 45 號
電　　話／(05)231-1949　231-1572
傳　　真／(05)231-1002

網址：http://www.ycrc.com.tw
E-mail：tn605547@ms6.tisnet.net.tw
※ 本書如有缺頁、破損、裝訂錯誤，請寄回更換 ※

國家圖書館出版品預行編目資料

後結構主義＝*Post Structuralism*／楊大春著
--初版. --臺北市:揚智文化, *1996*〔民*85*〕
面； 公分. (文化手邊冊；*20*)
參考書目：面
ISBN 957-9272-56-5 (平裝)

*1.*哲學 - 西洋 - 現代(*1900-*   )

143.89   *85003276*